Machine Learning

만화로 쉽게 배우는 머신러닝

저자 아라키 마사히로

일본 옴사 · 성안당 공동 출간

만화로 쉽게 배우는 **머신러닝**

Original Japanese edition
Manga de Wakaru Kikaigakushu
by Masahiro Araki and Verte
Copyright ⓒ2018 by Masahiro Araki, Verte
Published by Ohmsha, Ltd.
This Korean Language edition co-published by Ohmsha, Ltd. and Sung An Dang, Inc.
Copyright ⓒ 2019
All rights reserved.

머리말

이 책은 머신러닝 방법 중에서 대표적인 예를 몇 가지 들어, 그 개요를 쉽게 해설한 책입니다. 대상 독자는 머신러닝을 처음 접하는 초보자로, 대학 초년생 정도의 수학 지식이 필요합니다. 만약 수식이 생소하다면 각 장의 마지막에 있는 수학적 배경을 설명한 부분을 참고하면서, 수식이 어떠한 목적으로 표현되어 있는지 막연하게나마 파악해도 도움이 될 겁니다.

이 책은 문제 설정이 처음에 나오고, 그 문제를 해결하는 수단으로서 각각의 머신러닝 방법이 설명되어 있습니다. 각 장에서 설정한 문제와 해결 방법은 다음과 같습니다.

장	문제	방법
1	이벤트 참가자 수 예측	선형회귀
2	당뇨병 예비군 판정	로지스틱 분류, 결정나무
3	학습 결과 평가	분할학습법, 교차확인법
4	포도 선별	합성곱 뉴럴 네트워크
5	당뇨병 예비군 판정 (재도전)	앙상블 학습
6	이벤트의 추천	클러스터링, 행렬 분해

각 장에서 소개하는 내용은 각 방법의 기초적인 부분입니다. 실제로 이들 방법을 문제에 적용하는 경우에는 권말의 참고문헌에서 소개하는 교과서 등을 읽고 충분히 이해한 후에 적용해보기를 권합니다.

마지막으로 이 책을 집필할 수 있도록 기회를 주신 옴사 여러분에게 감사의 말씀을 드립니다. 저의 변변찮은 원고를 생생한 만화로 그려주신 와타리 마카나 씨와 Verte사 여러분에게도 깊이 감사드립니다.

2018년 7월
아라키 마사히로(荒木 雅弘)

차례

서장 머신러닝을 가르쳐 주세요!
    윤서의 방 ①   윤서와 여고생 지민 ··· 14

제1장 회귀란 어떻게 하는 거야?
    1.1   숫자를 예측하는 어려움 ·· 16
    1.2   설명변수에서 목표변수를 구한다 ··· 17
    1.3   선형회귀함수를 구한다 ·· 20
    1.4   정칙화의 효과 ··· 22
    윤서의 방 ②   수학 복습 ① ·· 34

제2장 분류는 어떻게 하는 거야?
    2.1   데이터를 정리한다 ·· 46
    2.2   데이터에서 클래스를 예측한다 ·· 47
    2.3   로지스틱 분류 ··· 49
    2.4   결정나무를 이용한 분류 ··· 55
    윤서의 방 ③   수학 복습 ② ·· 74

제3장 결과의 평가

- 3.1 테스트 데이터로 평가하지 않으면 의미가 없다 · 82
- 3.2 학습 데이터·검증 데이터·테스트 데이터 · 83
- 3.3 교차확인법 · 85
- 3.4 정확성·정밀도·재현율·F값 · 87
- 윤서의 방 ④ 수학 복습 ③ · 95

제4장 딥러닝

- 4.1 뉴럴 네트워크 · 103
- 4.2 오차역전파법을 이용한 학습 · 107
- 4.3 심층학습에 도전 · 111
  - 4.3.1 딥 뉴럴 네트워크의 문제점 · 112
  - 4.3.2 다계층학습을 이용한 방법(1) 사전학습법 · 113
  - 4.3.3 다계층학습을 이용한 방법(2) 활성화 함수 · 115
  - 4.3.4 다계층학습을 이용한 방법(3) 과적합의 회피 · · · · · · · · · · · · · · · · · · 117
  - 4.3.5 특화된 구조의 뉴럴 네트워크 · 118
- 윤서의 방 ⑤ 수학 복습 ④ · 134

제5장 앙상블 학습

5.1　버깅 · **146**

5.2　랜덤 포레스트 · **149**

5.3　부스팅 · **152**

윤서의 방 ⑥　수학 복습 ⑤ · **160**

제6장 비지도 학습

6.1　클러스터링 · **172**

　　6.1.1　계층적 클러스터링 · **173**

　　6.1.2　분할 최적화 클러스터링 · **175**

6.2　행렬 분해 · **179**

윤서의 방 ⑦　수학 복습 ⑥ · **191**

에필로그 · **197**

참고문헌 · **205**

찾아보기 · **206**

Prologue　Chapter 1　Chapter 2　Chapter 3　Chapter 4　Chapter 5　Chapter 6　Epilogue

프롤로그

머신러닝을 가르쳐 주세요!

머신러닝이란 어떻게 하는 건가요?

시청 홍보실에서 시에서 주최하는 이벤트의 방문객 수를 예측할 수 있는 AI 프로그램을 개발해 달라고 컨설턴트에게 의뢰했는데요.

그런데, 그 컨설턴트가…

범용적인 분석력을 가진 지능형 AI가 블록체인으로 연결되어, 싱귤래리티* 후에는 인간이 하는 일은 모두 없어집니다!

*싱귤래리티(기술적 특이점) : 인공지능의 발전이 가속화되어 모든 인류의 지성을 합친 것보다 더 뛰어난 초인공지능이 출현하는 시점(옮긴이)

이런 말도 안 되는 얘기를 하길래 그 사람이 개발했다는 AI 프로그램으로 방문객 수를 예측했는데

AI 예측 결과는 참가자가 감소합니다!

고맙습니다!

이상해서 수치를 조사해 보니

글쎄 과거 2년의 숫자를 직선으로 연장한 게 다지 뭐예요.

그 사실을 홍보 담당자에게 전했지만 상대도 해주지 않아요.

그래서 데이터를 기초로 머신러닝으로 방문객을 예측해서 설득해 보려고

과거 10년간의 상세 데이터를 찾아낸 것까지는 좋았는데,

장마철인 만큼 비가 많이 오면 영향을 받는 것 같단 말이지…

그 이후부터 아무것도 할 수 없네요.

그래서 윤성민 교수님께 머신러닝을 배우러 온 거예요.

머신러닝 : 입력 데이터를 바탕으로 예측 모델을 구축(학습)하는 프로그램 또는 시스템

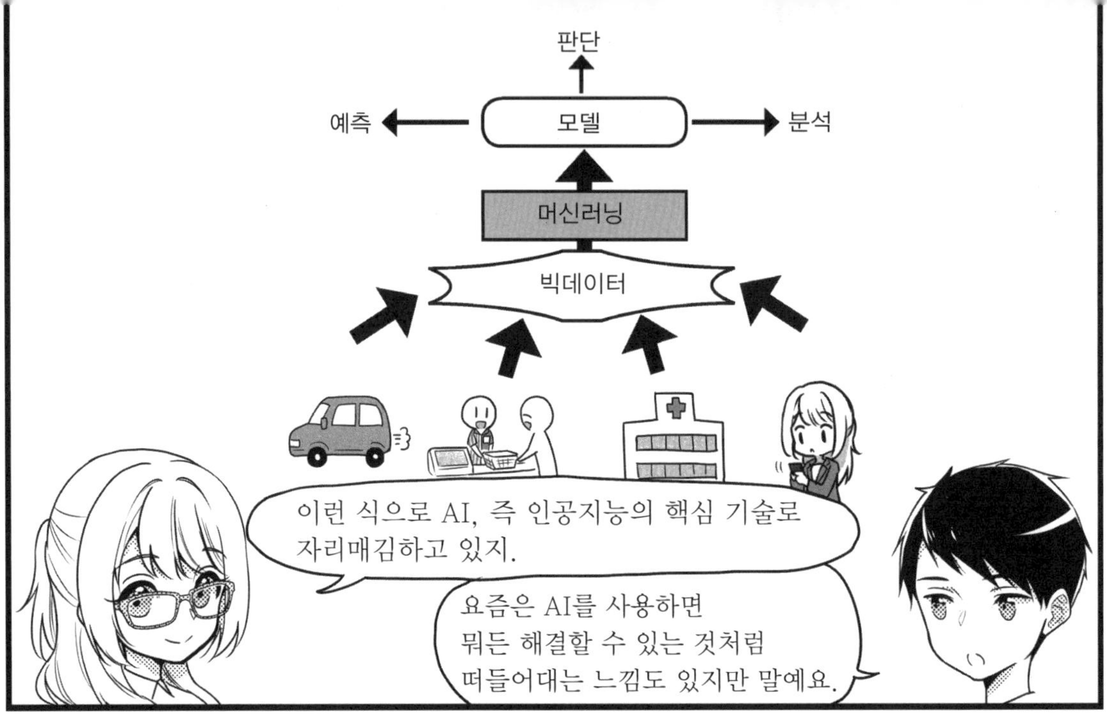

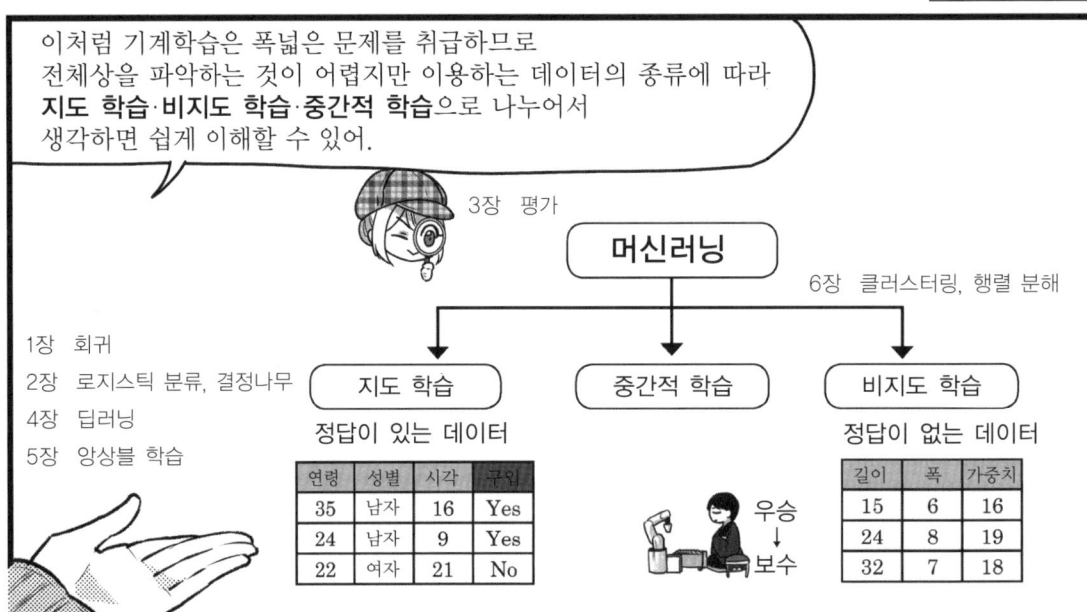

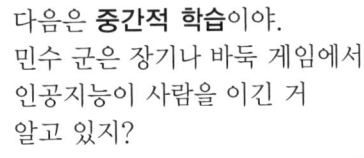
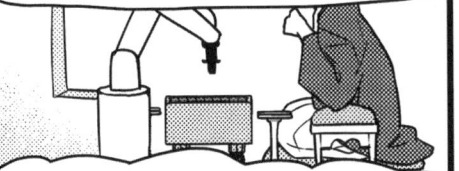
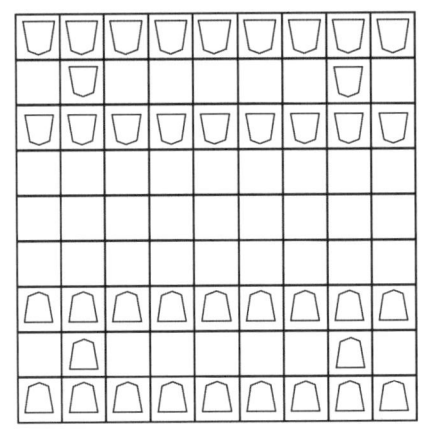

윤서의 방 ① 윤서와 여고생 지민

지민아, 오랜만이야. 할아버지 댁에서 본 이후로 처음이지?

아마 그럴 거야. 그때 사촌 형제들 다 모였으니까. 그런데 윤서 언니, 오늘 어쩐 일이야?

그게 말야. 대학 후배에게 머신러닝을 가르치게 돼서 수업을 했는데, 정말로 제대로 이해했는지 불안해서 말야. 지민이가 지금 고등학교에서 이과 수업을 하니 이야기를 들어보고 싶어서.

머신러닝은 인공지능(AI) 같은 거 말하는 거지?
왠지 어려울 것 같은데.

머신러닝의 본질은 데이터를 기초로 수리 모델을 만들고, 그것을 컴퓨터로 작동시키는 거야. 그래서 수리 모델의 기본적인 부분은 아마 고등학생도 알 수 있을 것이라고 생각해.

나는 천문부에서 관측을 위한 프로그램을 작성한 적도 있고, 수학을 좋아하긴 하지만. 그렇다고 알 수 있을지는 모르겠네.

지민이라면 괜찮을 거야. 첫날은 회귀에 대해 설명했어.
들어 볼래?

알았어. 어려우면 그때그때 물어볼게!

Prologue　Chapter 1　Chapter 2　Chapter 3　Chapter 4　Chapter 5　Chapter 6　Epilogue

제1장

회귀란 어떻게 하는 거야?

1.1 숫자를 예측하는 어려움

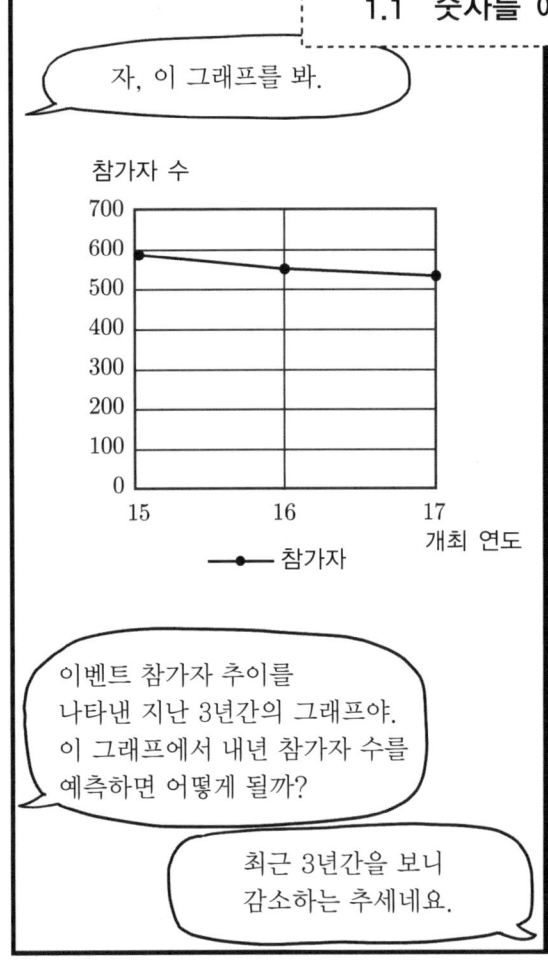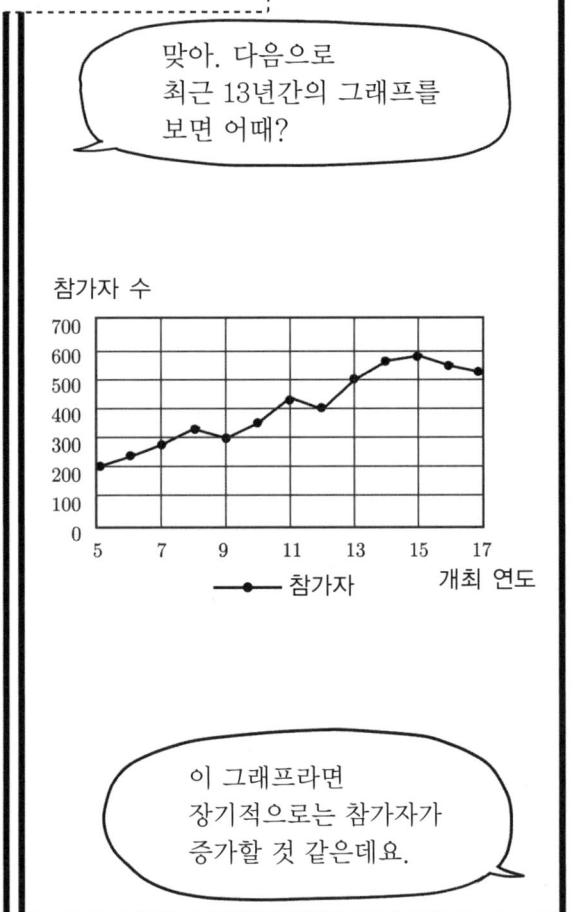

1.2 설명변수에서 목표변수를 구한다

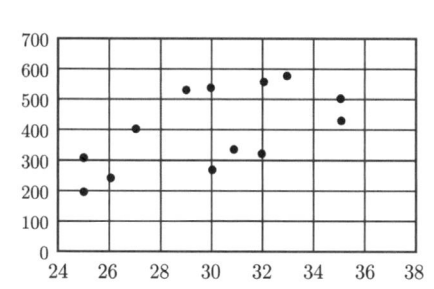
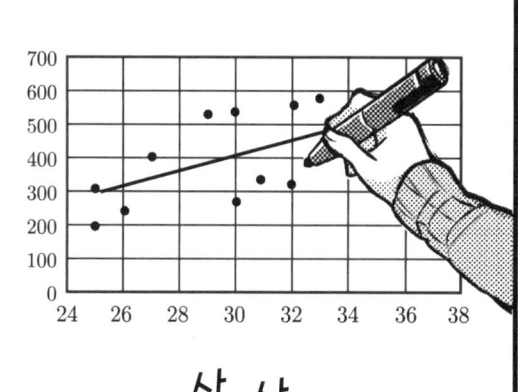

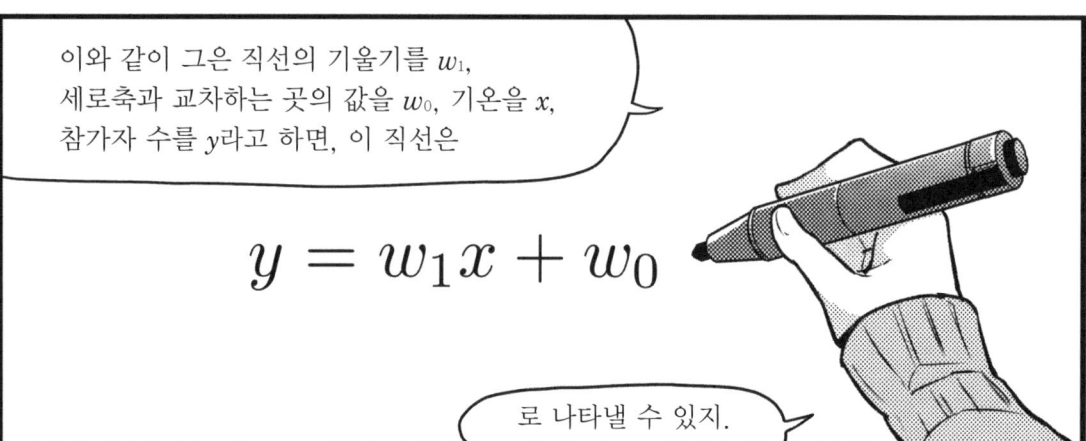

1.3 선형회귀함수를 구한다

Step 1

설명변수 d개를 묶어서 d차원 열 벡터 x로 나타냅니다. 여기에 대응해서 정수 w_0 이외의 가중치도 d차원 열 벡터 w로 나타내면, 초평면의 식은 아래와 같습니다.

$$y = \boldsymbol{w}^T \boldsymbol{x} + w_0 \quad \cdots \cdots \cdots (1.1)$$

T : 전치 기호

Step 2

지금까지 y는 설명변수의 가중치 합의 값으로 사용했는데, 앞으로는 학습 데이터 중의 목표변수 값이라고 합시다. 그리고 설명변수의 가중치 합은 다시 $\hat{c}(x)$로 표시합니다.

^(hat)이 붙어 있는 것은 데이터로부터 추정된 것일 뿐 정확성은 보증되지 않는다는 의미입니다.

그렇게 하면 식 (1.1)은

$$\hat{c}(\boldsymbol{x}) = \boldsymbol{w}^T \boldsymbol{x} + w_0 \quad \cdots \cdots \cdots (1.2)$$

이 됩니다.

회귀함수가 각 데이터의 근방을 통과한다는 것은 설명변수의 값을 x에 넣어 구하는 회귀함수의 값 $\hat{c}(x)$와, 목표변수의 값 y의 차이가 작다는 얘기입니다. 이 차이를 모든 데이터에 대해 가급적 작게 하는 것이 목표입니다. 그러나 데이터 집합에 대해서 차이를 모두 더해 버리면, 회귀함수의 출력보다 목표변수의 값이 큰 경우와 작은 경우의 효과가 상쇄되어 버립니다.

Step 3

여기에서 회귀함수의 출력 $\hat{c}(x)$와 목표변수 y값의 차이의 제곱을, 전 데이터에 대해 모두 더한 것을 회귀함수의 「오류」라고 정의하고, 이 양을 **제곱오차**라고 부릅니다. 제곱오차가 최소가 되도록 회귀함수의 가중치를 조정하는 방법이 **최소제곱법**을 이용한 학습입니다.

여기에서 식 (1.2)의 x에 0차원째를 추가해서 그 값을 1로 고정하고, w의 0차원째에 w_0을 추가함으로써 회귀함수는 $d+1$차원 벡터의 내적은 식 (1.3)과 같이 나타낼 수 있습니다.

$$\hat{c}(\boldsymbol{x}) = \boldsymbol{w}^T \boldsymbol{x} \quad \cdots \cdots \cdots \cdots \cdots \cdots (1.3)$$

Step 4

이 식의 계수 w를 학습 데이터 $\{(\boldsymbol{x}_1, y_1), \cdots, (\boldsymbol{x}_n, y_n)\}$으로부터 추정합니다. 추정의 기준으로는 식 (1.3)에서 산출된 출력 $\hat{c}(x)$와 목표변수의 값 y의 오차가 가급적 작아지도록 합니다. 오차는 식 (1.3)의 계수 w값에 의해 결정되므로 $E(w)$로 나타내고, 아래의 식으로 구합니다.

$$E(\boldsymbol{w}) = \sum_{i=1}^{n} (y - \hat{c}(\boldsymbol{x}_i))^2 \quad \cdots \cdots \cdots \cdots (1.4)$$

$$= \sum_{i=1}^{n} (y - \boldsymbol{w}^T \boldsymbol{x}_i)^2 \quad \cdots \cdots \cdots \cdots (1.5)$$

Step 5

여기에서 다루기 어려운 총합 연산을 없애기 위해 설명변수를 행렬로, 목적변수를 벡터로 나타냅니다. d차원 열벡터의 설명변수 x를 전치하여 n개 세로로 나열한 행렬을 X로 나타내고, 목표변수 y의 값을 나열한 열벡터를 y, 계수를 나열한 열 벡터를 w로 하면, 오차는 다음과 같습니다.

$$E(\boldsymbol{w}) = (\boldsymbol{y} - \boldsymbol{X}\boldsymbol{w})^T (\boldsymbol{y} - \boldsymbol{X}\boldsymbol{w}) \quad \cdots \cdots (1.6)$$

이 값이 최소가 되는 것은 w로 미분한 값이 0이 되는 극값을 취할 때이므로, 구하는 계수는 아래와 같이 됩니다.

$$\boldsymbol{X}^T (\boldsymbol{y} - \boldsymbol{X}\boldsymbol{w}) = 0 \quad \cdots \cdots \cdots \cdots (1.7)$$

$$\boldsymbol{w} = (\boldsymbol{X}^T \boldsymbol{X})^{-1} \boldsymbol{X}^T \boldsymbol{y} \quad \cdots \cdots \cdots \cdots (1.8)$$

A^{-1} : 행렬 A의 역행렬

즉, 제곱오차를 최소로 하는 가중치 w는 학습 데이터로부터 해석적으로 구할 수 있습니다. w를 식 (1.3)에 대입하면, 선형회귀함수 $\hat{c}(x)$를 구할 수 있습니다.

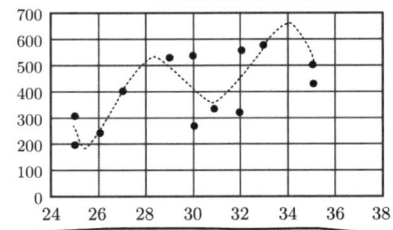

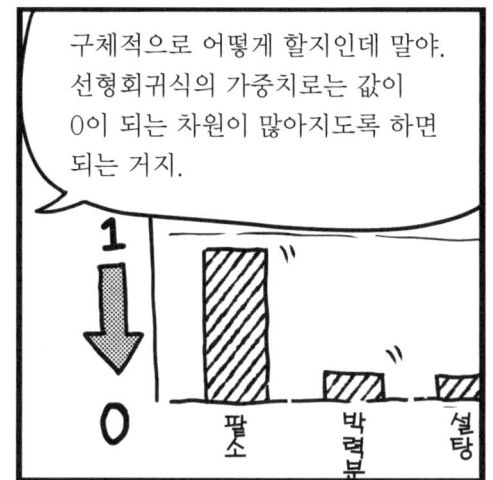

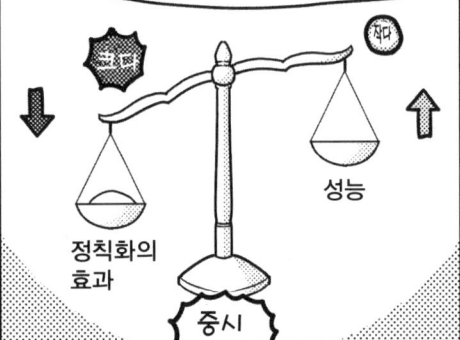

α는 정칙화항의 가중치로, 크면 성능보다도 정칙화의 효과를 중시하고 작으면 성능을 중시하는 파라미터가 되지.

리지 회귀의 식에 대해 최소제곱법으로 파라미터를 구했을 때와 동일하게 w로 미분한 값이 0이 될 때의 w 값을 구하면 다음 식과 같아.

$$w = (X^T X + \alpha I)^{-1} X^T y$$

I : 단위 행렬

그런데 왜 리지 회귀라고 하는 거죠?

다음으로 파라미터 w의 절댓값을 정칙화항으로 하는 라쏘 회귀를 설명할게.

리지는 산등성이라는 의미로 단위 행렬이 산등성이처럼 보이기 때문에 그렇게 이름 붙였다고 해.※

음.

리지는 w의 제곱, 라쏘는 w의 절댓값이네요.

그럼 라쏘는 어떤 의미예요?

라쏘는 '올가미'이라는 의미로 '올가미 회귀'라고 번역되는 경우도 있지.

조금 전에 잠깐 말했듯이 리지 회귀는 파라미터의 값이 작아지도록 정칙화되지.

올가미는 카우보이가 사용하는 것 말인가요?

※여러 학설이 있습니다.

많은 특징 중에 올가미를 던져 소수의 것을 잡아 온다는 이미지에서 그런 식으로 불리기도 하지.

덧붙여서, 라쏘의 오리지널 논문에서는 Least absolute shrinkage and selection operator의 머리글자를 딴 것이라고 쓰여 있어.

그렇군요.

라쏘 회귀에 이용하는 오차 평가식은

$$E(\boldsymbol{w}) = (\boldsymbol{y} - \boldsymbol{X}\boldsymbol{w})^{\mathrm{T}}(\boldsymbol{y} - \boldsymbol{X}\boldsymbol{w}) + \alpha \sum_{j=1} |w_j|$$

이지.

Lasso 회귀의 답은 어떻게 구하죠?

w_0은 회귀식의 절편으로, 그 값의 대소는 회귀식의 범화 능력에 영향이 없으므로 보통은 정칙화의 대상으로는 하지 않아.

여기에서 α는 정칙화항의 가중치로, 크면 값이 0인 가중치가 많아지지.

원점에서 미분이 불가능한 절댓값을 포함하므로 최소제곱법과 같이 해석적으로 구하는 것은 불가능하기 때문에 정칙화항의 상한을 미분 가능한 2차 함수로 억제하고, 그 2차 함수의 파라미터를 오차가 작아지도록 반복 갱신하는 방법 등이 제안되고 있어.

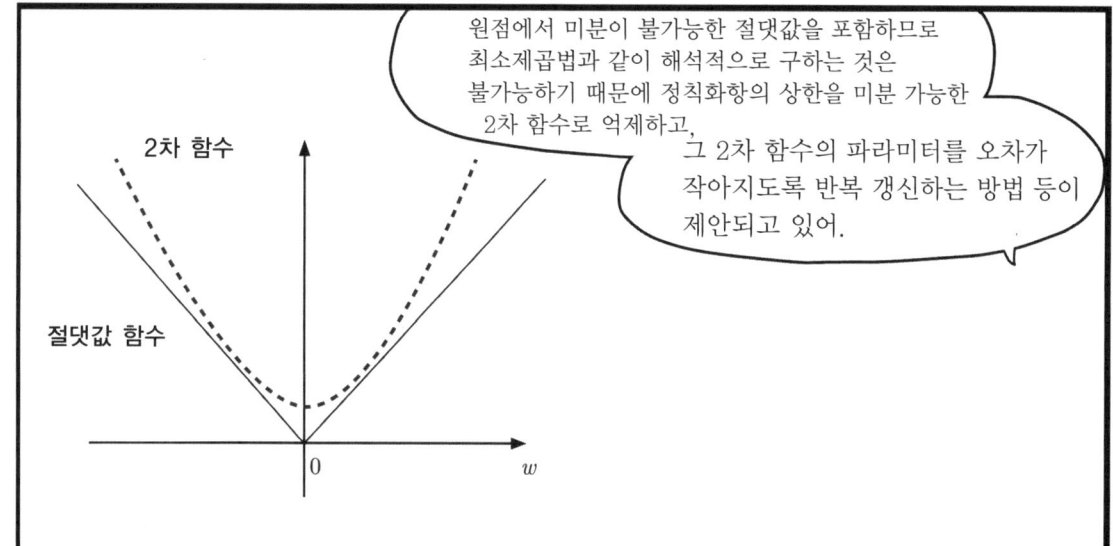

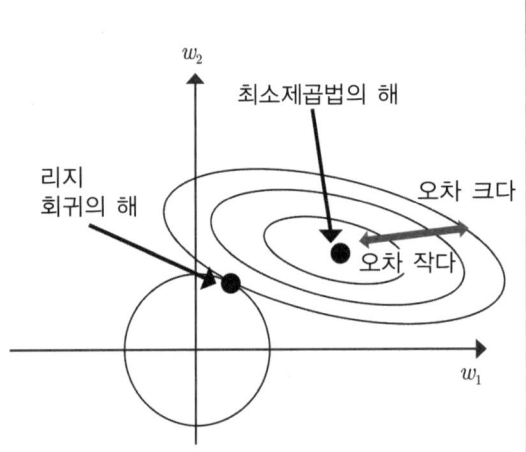
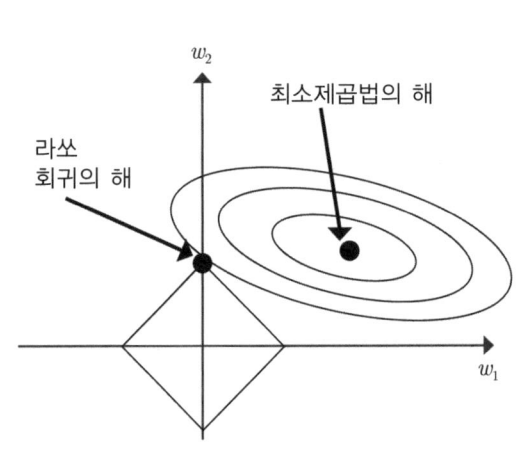

먼저 사용하는 라이브러리의 입력. scikit-learn에는 시험용 데이터가 몇 개 준비되어 있고, datasets 패키지에 그들을 읽어 넣는 메소드가 있습니다. 회귀는 선형회귀(Linear Regression)·리지 회귀·라쏘 회귀를 사용합니다.

```
from sklearn.datasets import load_boston
from sklearn.linear_model import LinearRegression, Ridge, Lasso
```

학습용 데이터는 범죄 발생률·방의 수·입지 등 부동산 관련 13개의 조건과 그 부동산의 가격으로 이루어지는 Boston 데이터를 사용합니다.

아래의 코드와 같이 작성한 인스턴스 boston의 data 속성은 전치된 특징 벡터가 열 방향으로 배열된 행렬(13차원의 특징이 행 벡터의 형태로 506건 분)이, 또한 target 속성은 각각의 물건 가격이 열 벡터로서 들어와 있습니다.

또한 Boston 데이터의 상세는 인스턴스 boston의 DESCR 속성을 print(boston.DESCR)와 같이 해서 표시할 수 있습니다.

```
boston = load_boston()
X = boston.data
y = boston.target
```

scikit-learn을 이용한 코딩은 대부분의 학습 방법에서 공통입니다. 우선, 학습을 하는 인스턴스를 만듭니다.

```
lr1 = LinearRegression()
```

이 인스턴스에 대해, 학습을 하는 fit 메소드를 특징 벡터의 집합 X와 정답 정보 y를 인수로 불러냅니다.

```
lr1.fit(X, y)
```

이렇게 하면 선형회귀식이 얻어지므로 값을 예측하고 싶은 데이터(13차원 벡터 x)를 인수로 해서 predict 메소드를 불러내면, 예측값을 출력해 줍니다.

다음으로 정칙화의 효과를 살펴봅시다. 우선 지금 학습한 선형회귀식의 계수와 그 제곱합을 표시하겠습니다.

```
print("Linear Regression")
for f, w in zip(boston.feature_names, lr1.coef_) :
    print("{0:7s}: {1:6.2f}". format(f, w))
print("coef = {0:4.2f}".format(sum(lr1.coef_**2)))
```

```
Linear Regression
CRIM   :  -0.11
ZN     :   0.05
INDUS  :   0.02
CHAS   :   2.69
NOX    : -17.80
RM     :   3.80
AGE    :   0.00
DIS    :  -1.48
```

```
RAD    :   0.31
TAX    :  -0.01
PTRATIO:  -0.95
B      :   0.01
LSTAT  :  -0.53
coef = 341.86
```

다음으로 동일한 순서를 리지 회귀로 해 봅니다. 이미 데이터는 X와 y에 들어 있으므로 학습을 하는 인스턴스를 작성하는 것부터 시작하면 됩니다. 이때 지정하는 파라미터가 있으면, 인스턴스 인수로서 「파라미터명=값」의 형식으로 넘깁니다. 여기에서는 정칙화항의 가중치 α를 10.0이라고 합니다.

```
lr2 = Ridge(alpha=10.0)
lr2.fit(X, y)
print("Ridge")
for f, w in zip(boston.feature_names, lr2.coef_) :
    print("{0:7s}: {1:6.2f}". format(f, w))
print("coef = {0:4.2f}".format(sum(lr2.coef_**2)))
```

```
Ridge
CRIM   :  -0.10
ZN     :   0.05
INDUS  :  -0.04
CHAS   :   1.95
NOX    :  -2.37
RM     :   3.70
AGE    :  -0.01
DIS    :  -1.25
RAD    :   0.28
TAX    :  -0.01
PTRATIO:  -0.80
B      :   0.01
LSTAT  :  -0.56
coef = 25.73
```

계수의 제곱합을 보면 알 수 있듯이 전체적으로 값이 작습니다. 자, 다음은 Lasso 회귀. 정칙화항의 가중치 α를 2.0으로 하면, 확실히 몇 개의 계수가 0이 되어 있는 것을 알 수 있습니다.

```
lr3 = Lasso(alpha=2.0)
lr3.fit(X, y)
print("Lasso")
for f, w in zip(boston.feature_names, lr3.coef_) :
    print("{0:7s}: {1:6.2f}". format(f, w))
print("coef = {0:4.2f}".format(sum(lr3.coef_**2)))
```

```
Lasso
CRIM   :  -0.02
ZN     :   0.04
INDUS  :  -0.00
CHAS   :   0.00
NOX    :  -0.00
RM     :   0.00
AGE    :   0.04
DIS    :  -0.07
RAD    :   0.17
TAX    :  -0.01
PTRATIO:  -0.56
B      :   0.01
LSTAT  :  -0.82
coef = 1.02
```

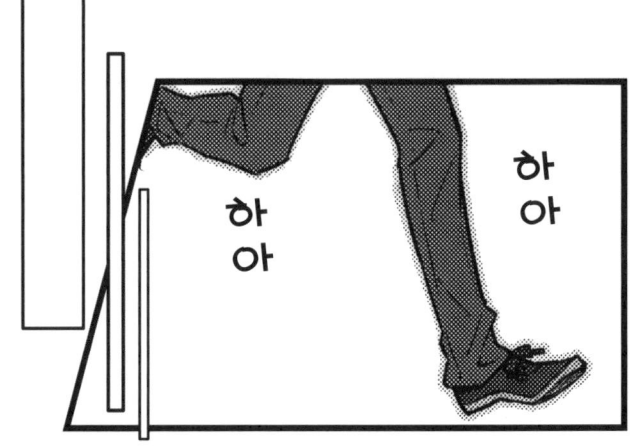

윤서의 방 ② 수학 복습 ①

 앞에 나온 내용까지 후배 민수 군한테 설명했는데. 지민이라면 어느 정도까지 이해할 수 있겠어?

 벡터나 행렬이 많이 나오네. 벡터는 숫자의 나열을 괄호로 묶은 거잖아. 2차원 벡터라면 (a, b), 3차원 열 벡터라면 (a, b, c)처럼. 하지만 d차원 벡터는 잘 모르겠어.

 d가 4 이상이면, 그 공간을 상상할 수 없으니까 확실히 어렵지. 하지만 무리하게 공간을 상상하지 않아도 숫자가 많이 나열되어 있을 뿐이라고 생각하면 돼. $x = \begin{pmatrix} x_1 \\ x_2 \\ \vdots \\ x_d \end{pmatrix}$

 숫자가 세로로 나열되는 열 벡터는 어떤 의미가 있는데?

 특별히 의미는 없는데, 여기에서는 몇 가지 특징을 나열할 때는 세로 방향으로 한다는 약속 사항이 있다고 생각하면 돼. 머신러닝에서는 행렬과 벡터의 곱셈을 하는 경우가 많은데, 이렇게 하면 행렬이 왼쪽에 오게 돼서 행렬의 합성을 행렬의 곱으로 나타낼 수 있어 편리하거든.

 행렬은 고등학교에서는 배우지 않아서…

 음, 행렬은 숫자를 사각형으로 나열한 것이라고 생각하면 돼.

어느 쪽이 행이고, 어느 쪽이 열인지 금방 잊어버리는데, 가로 방향이 행, 세로 방향이 열이야.

정말 그러네!

예를 들면 행 방향으로 숫자가 2개, 열 방향으로 숫자가 2개 나열되어 있는 것을 2행2열의 행렬이라고 하지. 행렬의 덧셈은 동일한 장소에 있는 숫자를 더하면 되지만, 곱셈은 번거롭지.

$$\begin{pmatrix} 1 & 2 \\ 3 & 4 \end{pmatrix} \cdot \begin{pmatrix} 5 & 6 \\ 7 & 8 \end{pmatrix} = \begin{pmatrix} 1\times5+2\times7 & 1\times6+2\times8 \\ 3\times5+4\times7 & 3\times6+4\times8 \end{pmatrix} = \begin{pmatrix} 19 & 22 \\ 43 & 50 \end{pmatrix}$$

곱셈의 해답이 되는 행렬의 n행m열째의 값은 앞의 행렬에서 n행째, 뒤의 행렬에서 m열째를 골라내서 앞의 숫자부터 순서대로 곱하고, 그런 다음 모두 더하는 거지.

그렇게 하면 앞 행렬의 열수와 뒤 행렬의 행수가 맞지 않으면 곱셈이 불가능하잖아.

그렇지. 잘 알고 있네. 행렬의 곱셈은 i행j열의 행렬과 j행k열의 행렬 사이로 정의할 수 있고, 그 결과는 i행k열의 행렬이 된다고 이해하면 이해하기 쉬울 거야.

i행 j열 · j행 k열 = i행 k열

다음으로는 전치(轉置)와 역행렬을 알면 돼. 행렬 X의 전치는 X^T라고 나타내고, 행렬의 행과 열을 바꿔 넣기만 하면 돼.

하지만 식 (1.1)에서는 벡터 w가 전치되어 있잖아.

벡터는 행렬의 특별한 경우라고 생각할 수 있어. 예를 들면 d차원 행 벡터는 d행 1열의 행렬로 간주할 수 있어.

아, 그렇구나. w가 d행 1열이기 때문에 w^T는 1행 d열. x는 d행 1열이므로 $w^T x$라는 곱셈이 가능하고, 결과는 1행1열의 행렬…. 어머, 1행1열의 행렬은 보통의 숫자네?

그렇지. 보통의 숫자인 것을 스칼라라고 부르지. $w^T x$가 스칼라이고, w_0도 스칼라. 이들을 모두 더한 y도 당연히 스칼라.

그렇구나.

다음으로 조금 까다로운 것이 식 (1.8)에 나오는 역행렬이야. 행렬 A의 역행렬은 A^{-1}로 나타내지. 그런데 지민이는 5의 역수가 뭔지 알아?

역수는 그 수에 곱해서 해답이 1이 되는 수니까 5의 역수는 1/5네.

그렇지. 기본적으로는 역행렬도 마찬가지야. 행렬의 세계에서 1에 해당하는 것을 단위행렬이라고 부르지. 단위행렬은 행수와 열수가 동등한 사각행렬로, 보통 I로 나타내지. 그 요소는 대각선상에 1이 배열되고, 나머지 요소는 전부 0이야.

어째서 단위행렬이 숫자 1과 대응하는 거야?

적당한 사각행렬에 단위행렬을 곱하는 계산을 해 봐. 아무 것도 변하지 않잖아?

그렇네. 숫자 1도 어떤 수에 곱해도 원래의 수를 바꾸지 않으니까.

$$\begin{pmatrix} 1 & 2 \\ 3 & 4 \end{pmatrix} \cdot \begin{pmatrix} 1 & 0 \\ 0 & 1 \end{pmatrix} = \begin{pmatrix} 1 & 2 \\ 3 & 4 \end{pmatrix}$$

예를 들면, 2행2열의 행렬 A의 역행렬 A^{-1}은 아래의 식으로 계산할 수 있어. 일반적인 d행d열 역행렬의 계산은 컴퓨터로 하자.

$$\begin{pmatrix} a & b \\ c & d \end{pmatrix}^{-1} = \frac{1}{ad-bc} \begin{pmatrix} d & -b \\ -c & a \end{pmatrix}$$

여기에서는 한 행렬 A에 대해, 그 역행렬 A^{-1}를 왼쪽에서 곱하면 단위행렬 I가 되는 것만 알고 있으면 돼.

그 외에 이해되지 않는 거 있어?

이 기호, (Σ).

시그마라고 하는 그리스 문자로, 합을 나타내는 기호야. $w_1x_1+w_2x_2+ \cdots +w_dx_d$는 Σ를 사용하면 $\sum_{i=1}^{d}w_ix_i$라고 간단히 나타낼 수 있지.

그리고 함수를 벡터로 미분하는 부분도 좀 어려워.

음, 그건 다음에 설명할 테니 이번에는 벡터를 보통의 변수라고 생각하고 미분해 봐.

그거라면 할 수 있어. 확실히 가중치가 식 (1.8)로 구해졌네.

Prologue　Chapter 1　**Chapter 2**　Chapter 3　Chapter 4　Chapter 5　Chapter 6　Epilogue

제2장
분류는 어떻게 하는 거야?

여기요! 덕분에 무사히 해결됐습니다!

그때 돌아가서 선형회귀를 시도했더니 방문객이 늘 거라는 예측이 나왔어요.

됐다!

윤서 선배의 설명과 데이터를 담당자에게 건네주면서, 음료 발주를 늘려야 한다고 말했더니 이해해 주더라고요.

이벤트 당일, 예상한 대로 참가자가 크게 늘어서 대박이었다니까요!

어쨌든 사기꾼에게 속지 않아서 다행이네.
넵! 선배 덕분이에요. 감사합니다.

이제 민수 군도 본인 업무에 전념할 수 있겠네.
으…

왜 왜, 뭐가 또 있어?
저기, 아니…

이번 일로 시청 내에서 저를 보는 눈이 확 바뀌었어요.
저 사람 머신러닝이라면 뭐든 알고 있는 것 같아.
에에!?

이상한 소문이 퍼져서 머신러닝에 관한 상담이 마구 들어오게 됐어요.
그래? 예를 들면 어떤 얘기?

제가 소속되어 있는 건강복지과에서는 주민의 건강 수명을 늘려서 지역 의료비를 줄였으면 하고 있어요.
특히 최근 당뇨병 환자가 늘어서 건강 검진 데이터를 통해 예비군을 판정해서 조언을 하고 싶다는 상담이 있었어요.
우선 데이터를 받았는데요.
음. 10년치 데이터는 있지만 검진을 받지 않은 해도 있고 일부 항목을 수진하지 않은 사람도 있네. 게다가 이것은 회귀가 아니라 출력을 카테고리로 분류하는 분류이긴 한데…

토요일

2.1 데이터를 정리한다

그럼, 당뇨병 예비군 판정을 주제로 생각해보자.

데이터는 10년치가 있지만 누락된 데이터도 많고…

성별	연령	BMI	혈당치	최고혈압	당뇨병
여자	65	22	180	135	No
남자	60	28	200	140	Yes
남자	75	21		120	No
여자	72	25		140	No
남자	65	26	210		Yes
남자	80	19	175	112	No

결측값

데이터에 결측값이 있는 경우 무리하게 학습을 하면 결과에 악영향을 미치니까 우선은 데이터를 정리하는 것부터 시작하자.

데이터가 대량으로 있는 경우는 누락된 요소가 있는 데이터를 버리는 경우도 있지만 귀중한 데이터는 효율적으로 활용하는 게 좋지.

어떻게 정리하면 될까요?

네.

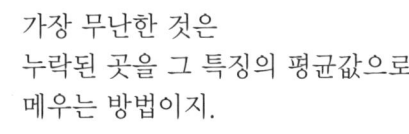

2.2 데이터에서 클래스를 예측한다

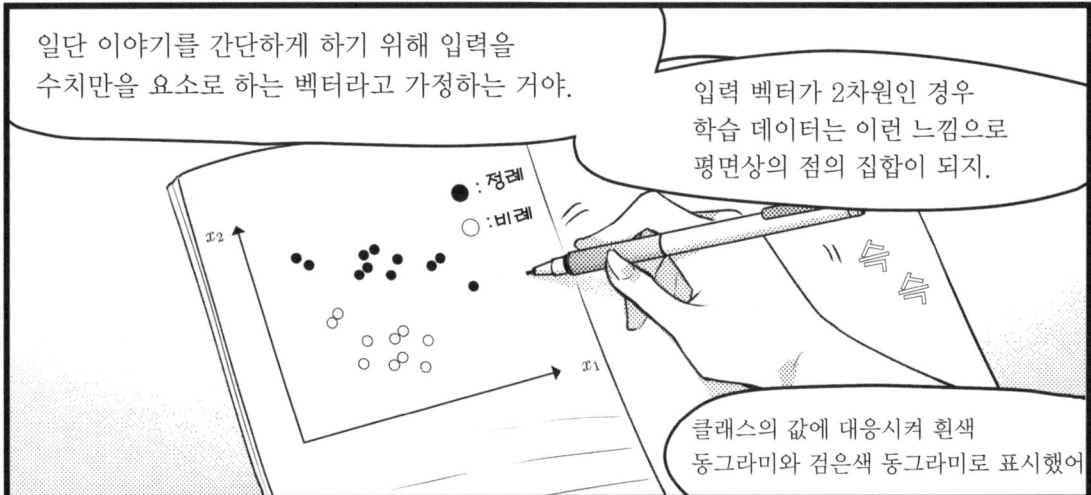

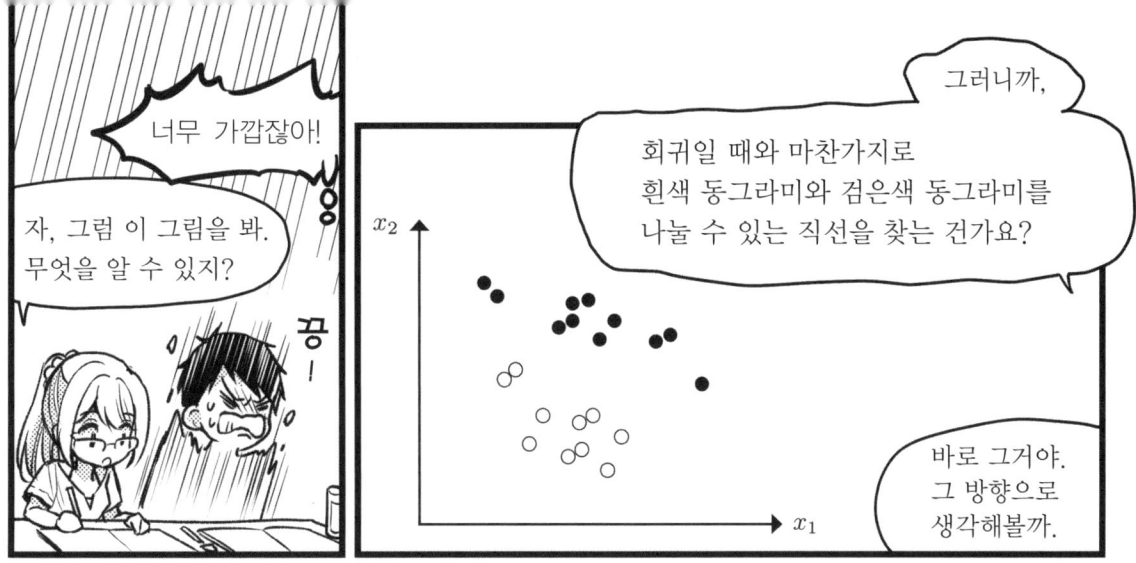

2.3 로지스틱 분류

로지스틱 분류란?
입력의 가중치 합을 토대로 해서 정례일 때는 1에 가까운 값을, 비례일 때는 0에 가까운 값을 출력하는 함수를 구하는 방법

다시 말해, 분류를 회귀의 연장선으로 생각할 수 있다는 얘기지. 그럼 회귀분류에 대해 말할게.

네!

이진 분류 문제에서의 특징 벡터 $x=(x_1, \cdots, x_d)^T$에 대해 각 특징의 가중치 합 $w_1x_1 + \cdots + w_dx_d$를 생각하고,

정례에 대해서는 1에 가까운 값을, 비례에 대해서는 0에 가까운 값을 출력하도록 가중치를 조정하는 것을 생각해.

● 검은색 동그라미 × 가중치
 = 1에 가까운 값

○ 흰색 동그라미 × 가중치
 = 0에 가까운 값
   이 되도록 가중치 조정

다시 말해, 회귀식의 출력을 정례일 때는 1, 비례일 때는 0이 되도록 가중치를 조정하면 되지만, 이렇게 하면 원점 $x=0$에 대해 판정이 불가능하므로 정수 w_0을 새로운 파라미터로서 추가해서

$$\hat{g}(x) = w_0 + w_1x_1 + \cdots + w_dx_d = w_0 + w^T x$$

와 같은 함수를 생각해.

$$\hat{g}(\boldsymbol{x}) = w_0 + w_1 x_1 + \cdots + w_d x_d = w_0 + \boldsymbol{w}^T \boldsymbol{x}$$

여기서 $w^T x$은 벡터 w과 벡터 x의 내적이야. 대응하는 차원의 요소를 곱한 것의 합의로 정의되지.

여기서 $g(x)=0$으로 둔 것은 식의 형태에서 d차원 초평면을 나타내는 거야. 만약 이 평면이 위와 같이 행동하도록 조정할 수 있다고 하면 어떻게 될 것 같아?

음…. 그 평면을 0으로 하니까…

평면의 양 측에 정례의 공간, 평면의 음 측에 비례의 공간이 생기는 거 아닌가요?

바로 그거야!

이제 평면상에 있는 점은 어느 쪽 클래스라고도 판별할 수 없다는 점도 잊지 말도록.

아. 과연 그렇네요.

이렇게 특징 공간상에서 클래스를 분할하는 선을 **분할선**이라고 해.

또한 각 점의 판정의 확실성은 분할선으로부터의 거리에 반영되지.

분할선

하지만 이대로라면 $\hat{g}(x)$는 x의 값에 따라 극단적으로 커지거나 작아질 가능성이 있겠지?

네. 확실히 가능성으로는 $+\infty$부터 $-\infty$까지 있네요.

$\hat{g}(x)$이 한없이 커진다

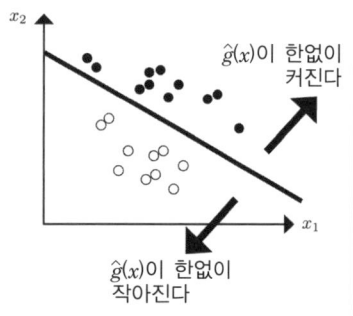

$\hat{g}(x)$이 한없이 작아진다

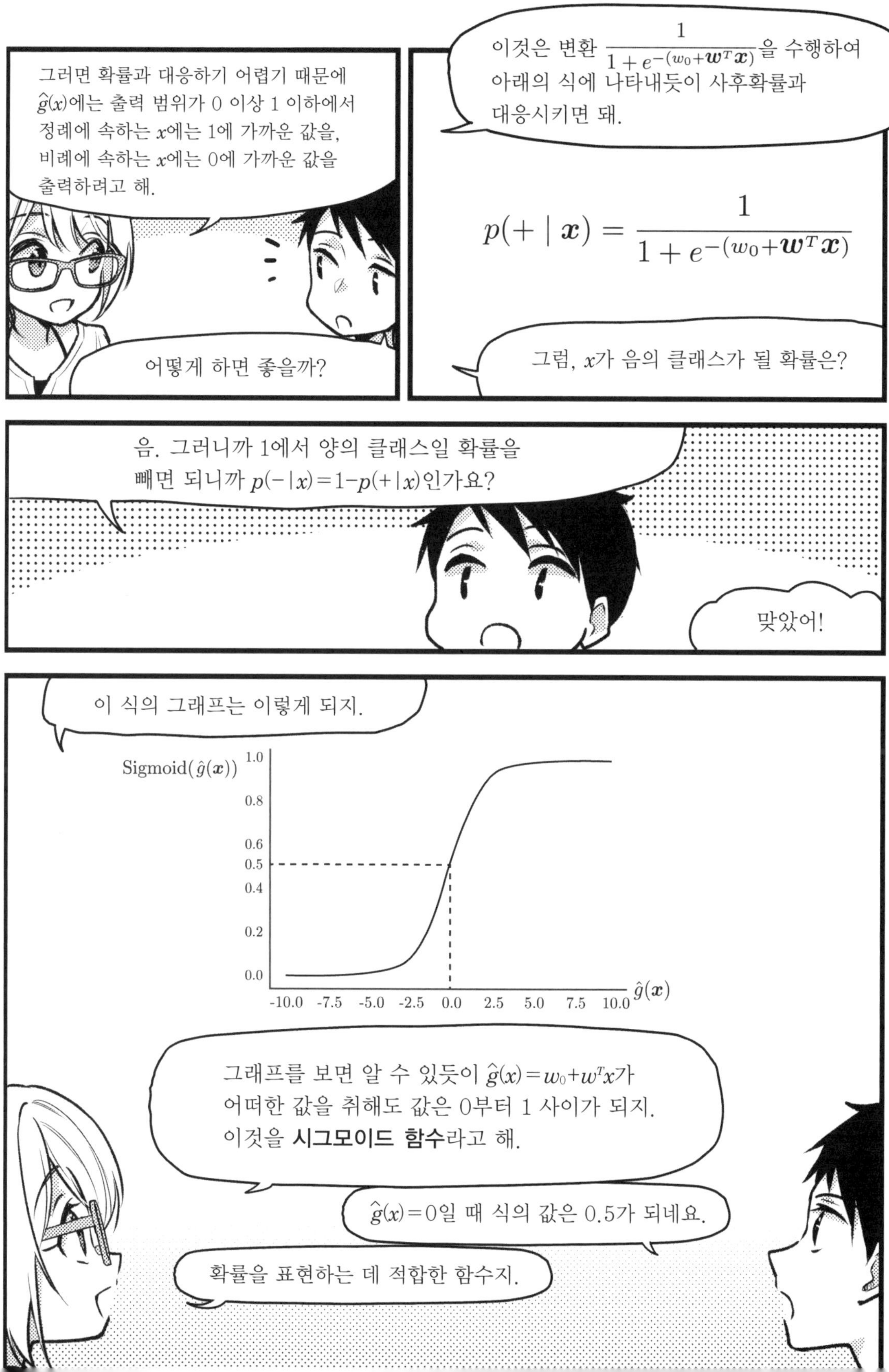

다음은 회귀의 학습에 대해 설명합니다.
로지스틱 분류 모델은 가중치 w를 파라미터로 하는 확률 모델로 볼 수 있습니다.

※이후에는 설명을 간단하게 하기 위해 w는 w_0을 포함합니다.

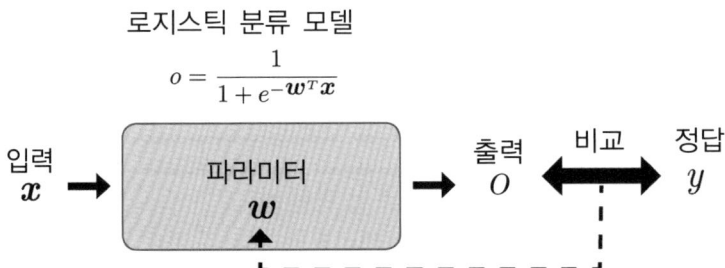

이 모델에 학습 데이터 D 중의 x_i을 입력했을 때의 출력을 o_i이라고 합니다. 바람직한 출력은 정답 정보 y_i입니다. 2치 분류 문제를 가정하고 정례에서는 $y_i=1$, 비례에서는 $y_i=0$으로 합니다.

작성한 모델이 어느 정도 제대로 학습 데이터를 설명하고 있는지를 평가하는 값으로 **가능도**를 아래의 식과 같이 정의합니다. Ⅱ은 곱셈을 나타내는 기호입니다.

$$P(D \mid \boldsymbol{w}) = \prod_{\boldsymbol{x}_i \in D} o_i^{y_i}(1-o_i)^{(1-y_i)}$$

$o_i^{y_i}(1-o_i)^{(1-y_i)}$은 i번째의 데이터가 정례($y_i=1$)일 때 o_i, 비례($y_i=0$)일 때 $1-o_i$가 됩니다. 다시 말해, 정례일 때 출력 o_i이 1에 가까워지도록, 비례일 때 출력 o_i이 0에 가까워지도록 제대로 가중치 w를 조정할 수 있으면 이들을 모든 데이터에 대해 곱해서 더한 값 $P(D|w)$이 큰 것이 됩니다.

가능도의 최댓값을 구할 때는 계산을 하기 쉽게 로그 가능도로 해서 취급합니다.

$$L(D) = \log P(D \mid \boldsymbol{w}) = \sum_{\boldsymbol{x}_i \in D} \{y_i \log o_i + (1-y_i) \log(1-o_i)\}$$

최적화 문제를 쉽게 이해하기 위해 이 절에서는 로그 가능도의 부호를 반전시킨 것을 오차함수 $E(w)$라고 정의하고, 이후 오차함수의 최소화 문제를 생각합니다.

$$E(\boldsymbol{w}) = -\log P(D \mid \boldsymbol{w})$$

이것을 미분해서 극한값이 되는 w를 구합니다. 모델은 로지스틱 분류 모델이므로 그 출력인 o_i은 시그모이드 함수로 주어집니다.

$$S(z) = \frac{1}{1 + e^{-z}}$$

시그모이드 함수의 미분은 아래와 같습니다.

$$S'(z) = S(z) \cdot (1 - S(z))$$

모델의 출력은 가중치 w의 함수이므로 w를 바꾸면 오차 값도 변화합니다. 이러한 문제에서는 최대경사법으로 답을 구할 수 있습니다.
최대경사법이란 최소화하고 싶은 함수의 기울기 방향으로 파라미터를 조금씩 움직이는 것을 반복해서 최적해로 수렴시키는 방법입니다.

이 경우는 파라미터 w를 오차 $E(w)$의 기울기 방향으로 조금씩 움직이게 됩니다. 이 '조금'이라는 양을 학습계수 η으로 나타내면, 최대경사법에 의한 가중치의 갱신식은 아래와 같습니다.

$$\boldsymbol{w} \leftarrow \boldsymbol{w} - \eta \frac{\partial E(\boldsymbol{w})}{\partial \boldsymbol{w}}$$

 그리고 오차 $E(w)$의 기울기 방향의 계산은 아래와 같이 합니다.

$$\frac{\partial E(\boldsymbol{w})}{\partial \boldsymbol{w}} = -\sum_{\boldsymbol{x}_i \in D} \left(\frac{y_i}{o_i} - \frac{1-y_i}{1-o_i} \right) o_i(1-o_i) \boldsymbol{x}_i = -\sum_{\boldsymbol{x}_i \in D} (y_i - o_i)\boldsymbol{x}_i$$

따라서 가중치를 갱신한 함수식은 아래와 같이 나타냅니다.

$$\boldsymbol{w} \leftarrow \boldsymbol{w} + \eta \sum_{\boldsymbol{x}_i \in D} (y_i - o_i)\boldsymbol{x}_i$$

최대경사법은 가중치의 갱신량이 미리 정해진 일정 값 이하가 되면 종료합니다.

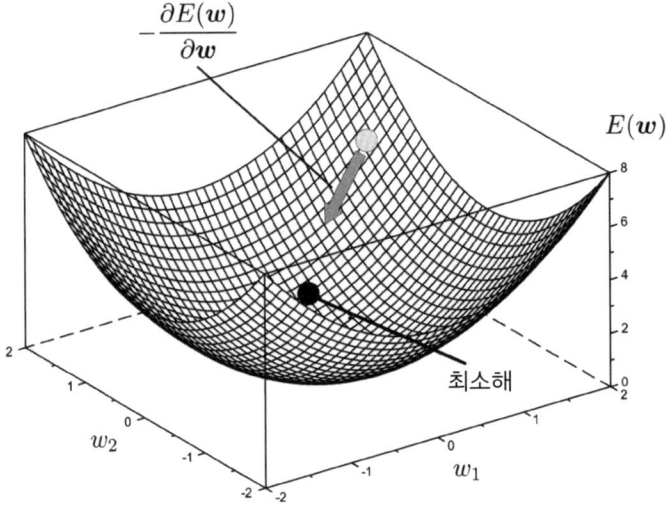

학습 데이터 D의 전부에서 기울기를 계산하는 방법을 **배치법**, D를 적당한 크기로 분할해서 그 단위로 기울기를 계산하는 방법을 **미니배치법**, D에서 램덤으로 하나의 데이터를 선택해서 그 데이터만으로 구배를 계산하는 방법을 **확률적 경사하강법**이라고 합니다.

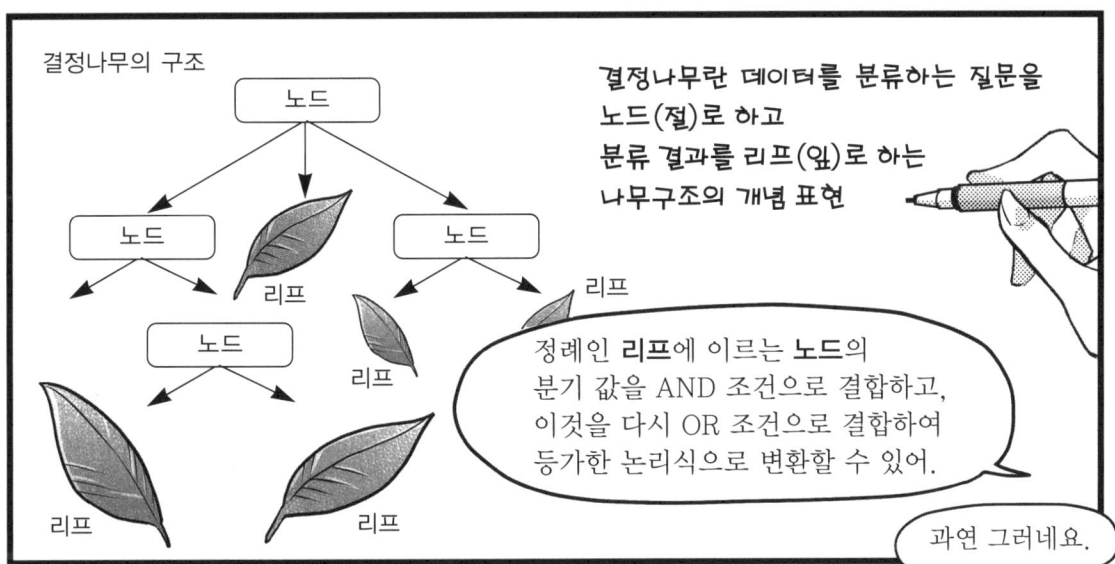

	날씨	기온	습도	바람	play
1	맑음	높음	높음	없음	No
2	맑음	높음	높음	있음	No
3	흐림	높음	높음	없음	Yes
4	비	중간	높음	없음	Yes
5	비	낮음	표준	없음	Yes
6	비	낮음	표준	있음	No
7	흐림	낮음	표준	있음	Yes
8	맑음	중간	높음	없음	No
9	맑음	낮음	표준	없음	Yes
10	비	중간	표준	없음	Yes
11	맑음	중간	표준	있음	Yes
12	흐림	중간	높음	있음	Yes
13	흐림	높음	표준	없음	Yes
14	비	중간	높음	있음	No

이것은 골프 데이터라고 불리는 데이터야. 이것을 사용해서 ID3 알고리즘의 구체적인 절차를 살펴보자.

이 데이터는 2주일 사이에 어떤 사람이 골프를 했는지 안 했는지를 나타낸 결과네요.

문제는 어느 기상 조건의 경우에 그 사람이 골프를 하는지 그렇지 않은지를 맞히는 거야.

질문은 1회씩 하나의 특징 값을 얻을 수 있는 것으로 하고, 가능한 한 적은 횟수의 질문으로 대답을 얻고자 한다고 하자.

그럼, 가장 먼저 어떤 질문을 해야 할까?

음. 고민 되네요.

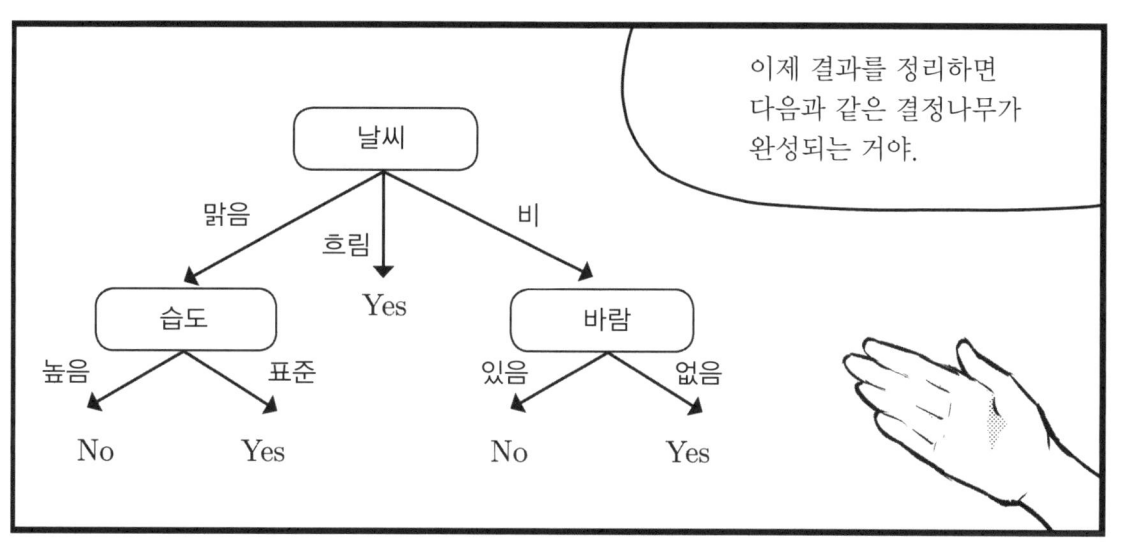

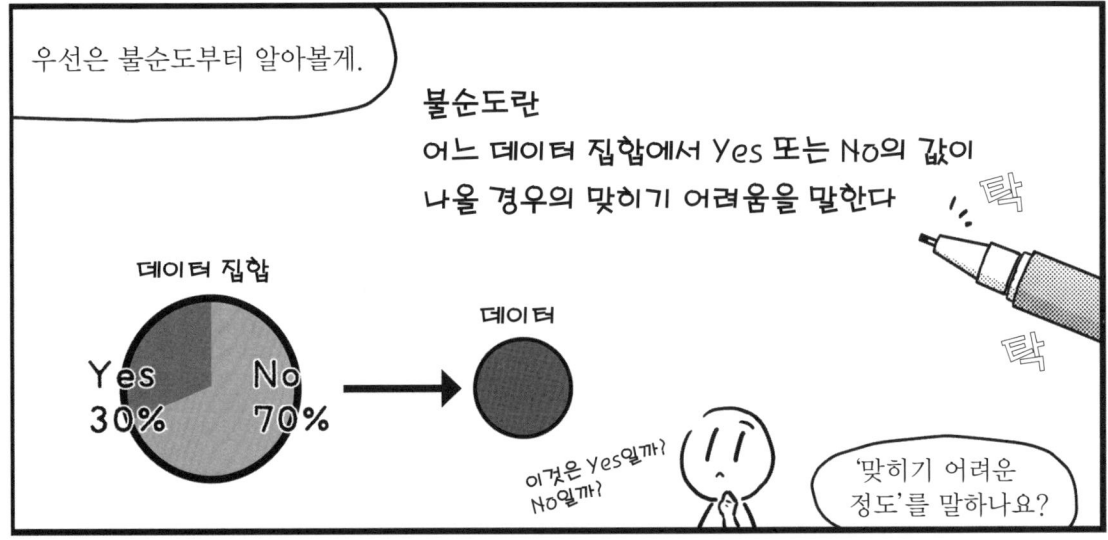

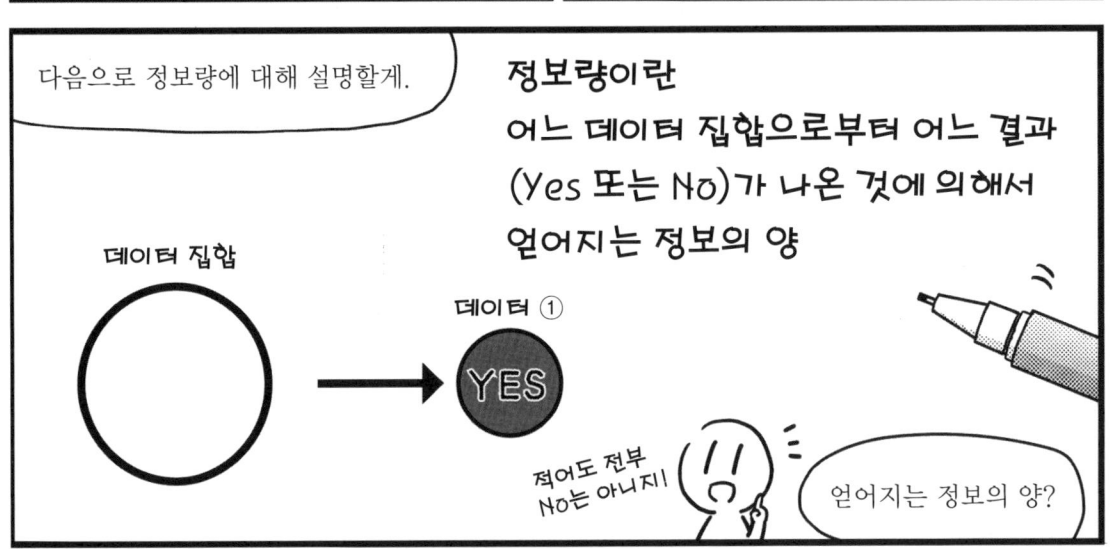

예를 들면
모든 데이터가 Yes인 데이터 집합에서 'Yes'가 나왔다고 해도 아무 정보도 얻을 수 없겠지?

확실히 그러네요.

그럼, 14사례의 데이터에서 Yes가 13사례, No가 1사례일 때에 'No'가 나온다면 어떨까?

흔치 않은 일이 일어났다는 정보가 들어가는 거네요.

그럴 때 정보량이 많다고 생각해.
즉, 정보량은 어느 사항이 일어날 확률이 높으면 적고 낮으면 많다고 보는 거야.

이것은 확률의 역수를 취하면 구할 수 있어.

확률이 높은 사항이 일어난 경우 ↗   **정보량이 적다** ↘

확률이 낮은 사항이 일어난 경우 ↘   **정보량이 많다** ↗

과연 그러네요. 역수를 취하면 흔치 않은 일일수록 정보량이 큰 값이 되는 거네요.

맞아. 그 역수에 대해 밑을 2로 하는 로그를 계산하면 이 정보를 2진수로 나타내는 데 필요한 행수를 얻을 수 있어.

2진수라는 얘기는 컴퓨터에서 취급하는 비트 수와 대응한다는 거네요.

바로 그거야!

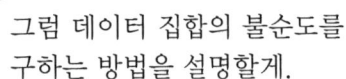

그럼 데이터 집합의 불순도를 구하는 방법을 설명할게.

부탁합니다.

이것은 각 클래스의 정보량을 전체에 대한 클래스의 데이터 수의 비율로 가중치를 두어 더해서 구할 수 있어. 식으로 나타내면,

$$E(D) = -P_{\text{Yes}}\log_2 P_{\text{Yes}} - P_{\text{No}}\log_2 P_{\text{No}}$$

질문을 하면 대답에 따라서 데이터를 구분할 수 있지? 그렇게 구분한 데이터 집합에 대해서도 위의 식과 마찬가지로 불순도를 구하는 거야.

그리고 불순도가 줄어드는 양을 정보 획득량으로 정의해서 이 값이 가장 큰 질문을 선택하면 대답을 한층 압축할 수 있다는 얘기네요.

자, 그러면 구체적으로 골프 데이터로 계산해볼까.

Step 1~5에 따라서 골프 데이터의 불순도와 정보 획득량을 계산해 봅시다.

Step 1

원래의 데이터 D의 불순도는 Yes가 9사례, No가 5사례이므로 불순도는 아래와 같습니다.

$$E(D) = -\frac{9}{14}\log_2\frac{9}{14} - \frac{5}{14}\log_2\frac{5}{14} = -0.643 \times (-0.637) - 0.357 \times (-1.495) = 0.94$$

Step 2

다음으로 날씨가 맑음, 흐림, 비일 때 각각의 데이터의 불순도를 구합니다.

$$E(맑음) = -\frac{2}{5}\log_2\frac{2}{5} - \frac{3}{5}\log_2\frac{3}{5} = -0.4 \times (-1.32) - 0.6 \times (-0.74) = 0.971$$

$$E(흐림) = -\frac{4}{4}\log_2\frac{4}{4} - \frac{0}{4}\log_2\frac{0}{4} = 0 - 0 = 0$$

$$E(비) = -\frac{3}{5}\log_2\frac{3}{5} - \frac{2}{5}\log_2\frac{2}{5} = -0.6 \times (-0.74) - 0.4 \times (-1.32) = 0.971$$

Step 3

이들 값에 데이터 수를 가중치로 곱해서 분할 후 데이터 집합의 불순도를 구합니다.

$$\frac{5}{14} \times 0.971 + \frac{4}{14} \times 0 + \frac{5}{14} \times 0.971 = 0.694$$

Step 4

원래 데이터의 불순도에서, 분할 후 데이터의 불순도를 빼면 질문에서 얻어진 정보량을 구할 수 있습니다. 이 양을 정보 획득량 Gain이라고 합니다.

$$Gain(D, 날씨) = 0.94 - 0.694 = 0.246$$

Step 5

같은 방법으로 다른 특징에 의한 질문의 정보 획득량을 구합니다.

$$Gain(D, 기온) = 0.029$$

$$Gain(D, 습도) = 0.151$$

$$Gain(D, 바람) = 0.048$$

따라서 날씨를 최초의 질문으로 해서 데이터를 분할함으로써 불순도를 가장 크게 줄일 수 있습니다. 그리고 분할 후의 데이터에 관해서는 날씨를 제외한 특징을 이용해서 같은 절차를 반복합니다.

데이터 집합의 불순도를 계산하는 방법으로는 위의 엔트로피 지수 대신 아래의 식으로 계산하는 지니지수가 이용되기도 합니다.

$$Gini(D) = 1 - P_{Yes}^2 - P_{No}^2$$

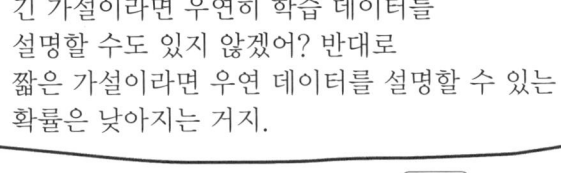

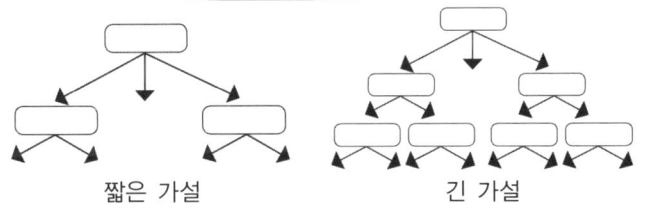

그 학습 데이터에 지나치게 적응해 있기 때문에 새로운 데이터를 넣었을 때 바른 대답이 나오지 않는다는 뜻이야.

과적합에 대처하는 요령으로는 처음부터 나무의 깊이를 한정해 두는 방법과 완전하게 학습시킨 후 가지치기(pruning)를 하는 방법이 있어.

음. 주의해야겠네요.

지금까지는 범주형 특징의 경우에 대해 얘기했는데, 수치 특징의 경우는 연속치인 수치 특징을 몇 개의 그룹으로 나누는 **이산화**(離散化)라는 처리를 수행하면 결정나무의 학습이 가능하지.

수치 특징으로도 가능하다는 거군요.

범주형 특징

	날씨	기온	습도	바람	play
1	맑음	높음	높음	없음	no
2	맑음	높음	높음	있음	no
3	맑음	중간	높음	없음	no
4	맑음	낮음	표준	없음	yes
5	맑음	중간	표준	있음	yes

수치형 특징

ID	반경	농담	주위	종양
44	13.17	21.81	85.42	악성
45	18.65	17.60	123.7	악성
46	8.20	16.84	51.71	양성
47	13.17	18.66	85.98	악성
48	12.05	14.63	78.04	양성

불순도가 가장 작아지도록 절편을 찾아내야 하므로 같은 클래스에서는 자르지 않아.

클래스의 경계를 찾으면 그림에 점선으로 나타낸 곳이야. 이 경계의 값을 전후의 값의 평균치라고 하자.

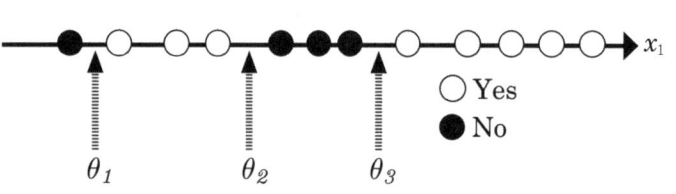

이들 중에서 가장 정보 획득량이 많은 장소를 선정해. 범주형 특징일 때와 마찬가지로 계산하면 θ_3을 임계값으로 해서 분할하는 것이 가장 정보 획득량이 많아.

이번에는 로지스틱 분류 결정나무로 모델을 만들어 보겠습니다.

```
from sklearn.datasets import load_breast_cancer
from sklearn.linear_model import LogisticRegression
from sklearn.tree import DecisionTreeClassifier
```

데이터는 종양의 악성·양성을 판단하는 breast_canser를 사용합니다.

```
breast_cancer = load_breast_cancer()
X = breast_cancer.data
y = breast_cancer.target
```

scikit-learn에서는 회귀도 분류도 기본적으로는 클래스의 인스턴스를 만들어 fit 메소드로 학습시키는 수법은 다르지 않습니다. 먼저 로지스틱 분류입니다.

```
clf1 = LogisticRegression()
clf1.fit(X,y)
```

회귀일 때와 마찬가지로 계수를 조사해 봅니다.

```
for f, w in zip(breast_cancer.feature_names, clf1.coef_[0]) :
    print("{0:<23}: {1:6.2f}". format(f, w))
```

```
mean radius            :  2.10
mean texture           :  0.12
mean perimeter         : -0.06
...
worst concave points   : -0.65
worst symmetry         : -0.69
worst fractal dimension: -0.11
```

몇 개의 계수는 양의 큰 값이 되어 정례의 판단에 관여하고 있습니다. 음의 큰 값인 계수는 그 반대로 비례의 판정에 관여하고 있습니다.

```
clf2 = DecisionTreeClassifier(max_depth=2)
clf2.fit(X, y)
```

내부에는 이러한 나무가 형성되어 있습니다. 가장 먼저 종양의 반지름 평균(ridius)이 16.795보다 작은 것과 큰 것으로 나눕니다. 작은 경우는 요면점의 평균(concave points)을 보고, 0.136보다 작으면 양성, 크면 악성으로 판단합니다. 한편 종양의 반지름 평균이 16.795보다 큰 경우는 농담치의 표준편차(texture)를 보고 16.11보다 작으면 양성, 크면 악성이라고 판단합니다.

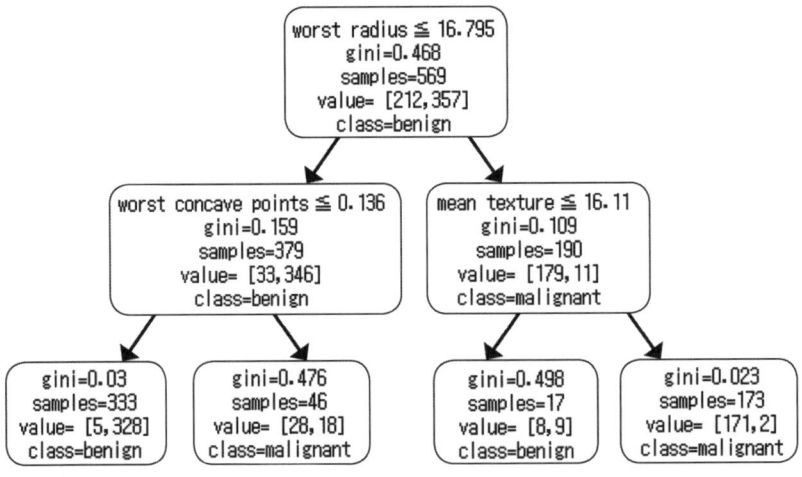

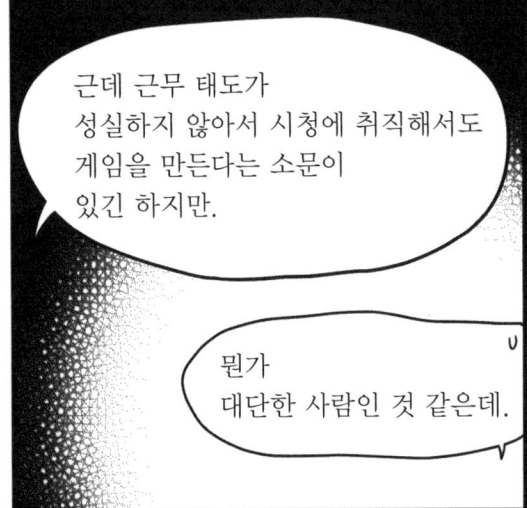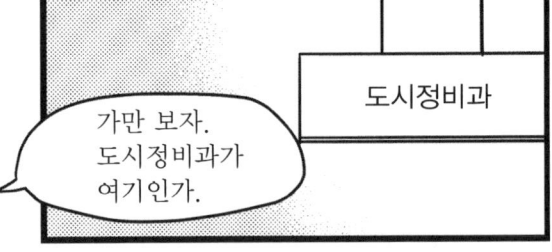

윤서의 방 ③ 수학 복습 ②

음. 그래서 그 후배가 화를 냈구나. 저기 말야, 그 후배 혹시 언니를…

그렇겠지! 나를 선배로 보고 있는 거 아니지. 그치!

음. (눈치 못 채고 있네. 불쌍한 후배)

그래서 이번 내용은 어땠어? 모르는 부분 있어?

그게, 51쪽에 나오는 e는 뭐야?

e라니?
아, 시그모이드 함수 중에 나오는 e 말하는 거야? 이건 자연로그의 밑수로, 네이피어 상수라는 거야. $e=2.71828\cdots$로 무한히 계속되는 무리수지.

로그란 어느 수가 밑수의 몇 승인지를 구하는 조작이었지. 밑수가 2라면 결정나무 부분에서 나온 것처럼 그 수를 2진수로 나타낼 때의 행수에 대응하니까 잘 알겠지만, 왜 그런 e 같은 이상한 수를 밑수로 하는 것이 '자연' 로그인 거지?

e는 e^x을 미분했을 때 e^x가 되는 성질과 $\log_e x$의 미분이 $\frac{1}{x}$이 되는 등 매우 다루기 쉬운 성질이 있지. 실제로는 그 반대로 그러한 성질을 가진 수를 구했더니 e가 됐다는 얘기지만.

그리고 53쪽의 벡터에서 나온 미분.

음. 더 이상 속일 수 없겠어. 그럼 제대로 할게

여기서 나온 오차함수 $E(w)$은 모델의 가중치 w의 값을 바꾸면 값도 변하지. 가중치는 여러 개 있기 때문에 오차는 다변수함수라고 할 수 있지. 그래서 그 가중치의 집합을 벡터라고 나타내면 오차함수는 벡터를 인수로 하는 함수가 돼.

음. 거기까지는 알아.

그래서 함수의 벡터에 의한 미분을 이렇게 정의하지. ∂은 편미분 기호로, 지정한 변수 이외는 상수로 간주해서 미분한다는 의미야. ∂은 보통은 라운드 디라고 읽어. 예를 들어 $\frac{\partial E}{\partial w_0}$은 E의 식 중에서 w_0만을 변수로 보고 미분을 구한다는 것.

$$\nabla E = \frac{\partial E}{\partial \boldsymbol{w}} = \left(\frac{\partial E}{\partial w_0}, \frac{\partial E}{\partial w_1}, \cdots, \frac{\partial E}{\partial w_d} \right)^T$$

미분한 것이 벡터가 됐네.

맞아. 이것을 기울기 벡터라고도 해.

그렇구나. 1변수 함수의 미분은 접선의 기울기를 나타내지만 다변수함수의 미분은 사면의 기울기를 나타내는 거네.

맞아. 54쪽의 그림과 같아. 현재의 가중치는 사면상의 점으로 나타내므로 사면의 기울기의 역방향(사면을 내려가는 방향)으로 조금 움직이면 오차함수의 밑수에 조금 가까워지지.

음. 이것으로 전부일라나. 그건 그렇고 후배는 사이트 제대로 만들었을라나?

도중에 끝낸 것 같아 조금 걱정은 되지만…

Prologue Chapter 1 Chapter 2 **Chapter 3** Chapter 4 Chapter 5 Chapter 6 Epilogue

제3장
결과의 평가

결과의 평가야말로 중요하지!

3.1 테스트 데이터로 평가하지 않으면 의미가 없다

3.2 학습 데이터·검증 데이터·테스트 데이터

3.3 교차확인법

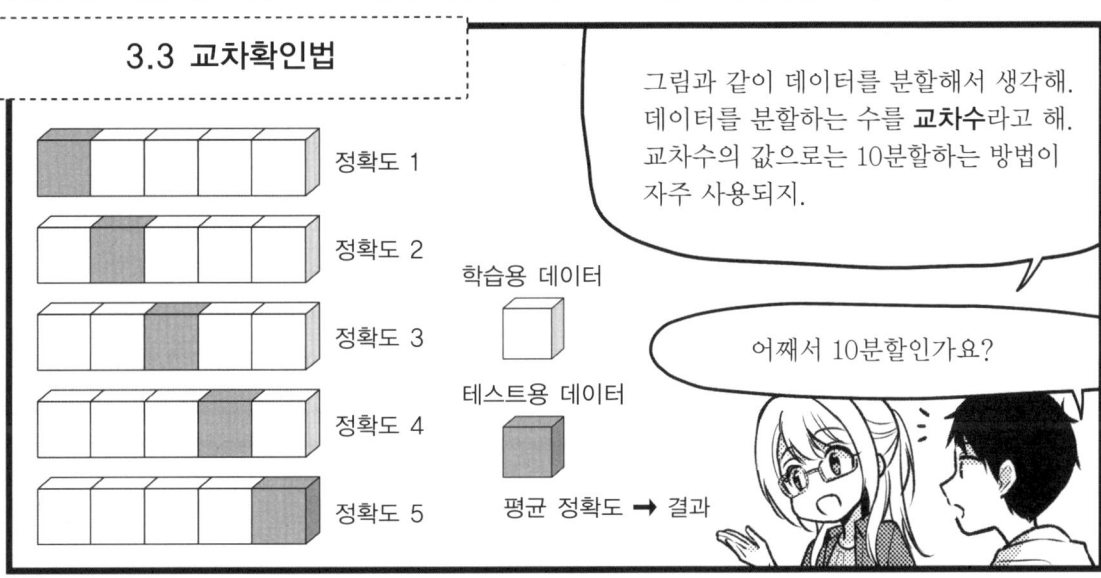

3.4 정확성·정밀도·재현율·F₁ Score

지금까지 대략적으로 평가하는 대상을 정확성으로서 해왔지만, 이것은 테스트 데이터 중 바른 클래스로 식별된 데이터의 비율을 가리켰어.

여기서 또 한 가지 상세하게 식별기의 성능을 평가하는 방법을 생각해보자.

우선, 설명을 단순하게 하기 위해 2클래스 식별 문제 평가를 생각하자.

앞에서도 설명한 것처럼 어느 질병인지 아닌지, 스팸 메일인지 아닌지의 문제야. 설정한 개념에 적합한 학습 데이터를 **양례(positive)**, 적합하지 않은 데이터를 **음례(negative)**라고 하지.

양례, positive가 스팸 메일이라는 얘기인가요?

이상하긴 하지만, 어디까지나 설정한 개념에 적합한지 아닌지에 따라 양례·음례가 정해진다고 생각하면 이해하기 쉬울 거야.

그래서 실제가 양례·음례 2가지, 분류 모델의 출력이 양·음 2가지이므로 이들을 조합하면 4가지가 되지?

양례를 실제+, 음례를 실제−, 분류 모델이 양이라고 판정한 것을 예측+, 음이라고 판정한 것을 예측−라고 표기하고 표로 나타내면 다음과 같아.

	예측+	예측−
실제+	30	20
실제−	10	40

제3장 ··· 결과의 평가

이 표는 **혼동행렬**이라고 해.
수치는 예로 든 거니까 신경 쓰지 않아도 돼.
그럼 민수 군 이 표에서 알 수 있는 것은 뭘까?

음, 그러니까…

	예측+	예측-
실제+	30	20
실제-	10	40

여기의 대각에 있는 성분의 합이 정해 수이고, 이쪽의 비대칭에 있는 성분의 합이 잘못된 수라는 거지요?

실제 수
30+40=70

잘못된 수
20+10=30

맞아!

예를 들어 실제+의 행의 수치는 정례 50개 중 분류 모델이 양이라고 판정한 것이 30개, 음이라고 판정한 것이 20개라는 것을 나타내.

이 표에서 얻을 수 있는 가장 단순한 평가지표는 분류 모델이 바른 답을 내는 비율이고, 이 정확도 수를 전 데이터 수로 나누어 구하면 돼.

	예측+	예측-
실제+	30	20
실제-	10	40

이 표의 경우는
$$\frac{30+40}{30+20+10+40}=0.7$$이 되고,
이 값을 정확성이라고 해.

	예측+	예측−
실제+	true positive (TP)	false negative(FN)
실제−	false positive (FP)	true negative(TN)

*TP : 참 양성, FP : 거짓 양성, FN : 거짓 음성, TN : 참 음성

가령, 왼쪽 위의 요소는 양례에 대해 식별기가 양(positive)이라면 바르게(true) 예측한 것으로 true positive라고 해. 이후의 식 중에서 true positive의 사례 수를 나타내는 데 TP라는 명칭을 사용할 거야.

그렇군요. 그럼, false negative는 잘못해서(false) 음(negative)이라고 판정한 것이라는 거네요.

그래서 이 표의 정의를 사용하면 정확도 Accuracy는 다음과 같이 정의할 수 있어.

$$Accuracy = \frac{TP+TN}{TP+FN+FP+TN}$$

정확히 분류한 수를 전체 데이터 수로 나눈 것이 정확성

다음 지표로 **정밀도 Precision**가 있어. 이것은 분류 모델이 양이라고 판단했을 때 어느 정도 신뢰할 수 있는지의 지표를 나타내기 위한 거야.

정밀도를 아래와 같이 정의해.

예를 들면 질병에 걸렸다고 판정했을 때 어느 정도 확실한지는 정밀도를 통해 알 수 있는 거지.

$$Precision = \frac{TP}{TP+FP}$$

*TP : 참 긍정, FP : 거짓 긍정

분류 모델이 참긍정(TP)이라고 판정한 수를 긍정이라고 예측한 전체 수로 나눈 것

다음은 **재현율 Recall**이야.
이것은 양례가 어느 정도 바르게 판정됐는지를 나타내는 지표야. 가령, 대상 데이터 중 질병을 가진 사람이 어느 정도 바르게 추출했는지는 재현율을 보면 알 수 있어.

분류 모델이 올바르게 양이라고 판정한 수를 양례의 수로 나눈 것이 재현율이라고…

$$Recall = \frac{TP}{TP + FN}$$

바로 그거야!
그래서 정밀도와 재현율은 한쪽을 취하면 다른 한쪽이 성립되지 않고, 다른 한쪽을 취하면 한쪽이 성립되지 않는 관계가 있어.

무슨 뜻이에요?

가령, 어느 질병에 걸렸다고 상당한 확신이 있는 경우에만 양이라고 출력하는 분류 모델의 정도는 높겠지?

그러네요.
하지만 사소한 증상은 놓쳐 버리지 않을까요?

맞아! 재현율이 낮지.

반대로 높은 재현율을 우선해서 조금이라도 이상하면 양이라고 출력하는 분류 모델을 사용하면 어떨까?

네에?!

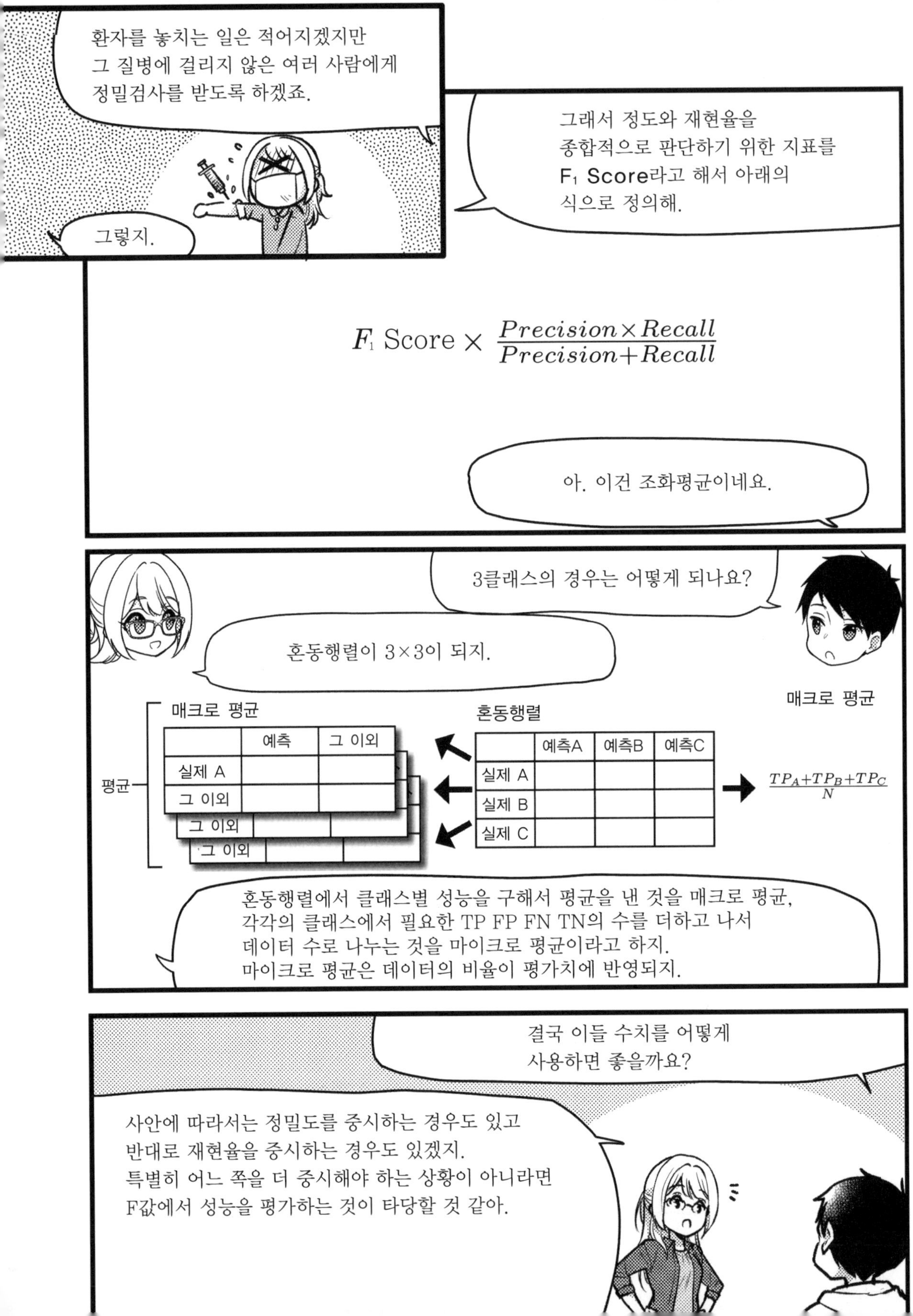

환자를 놓치는 일은 적어지겠지만 그 질병에 걸리지 않은 여러 사람에게 정밀검사를 받도록 하겠죠.

그렇지.

그래서 정도와 재현율을 종합적으로 판단하기 위한 지표를 F_1 Score라고 해서 아래의 식으로 정의해.

$$F_1 \text{ Score} \times \frac{Precision \times Recall}{Precision + Recall}$$

아. 이건 조화평균이네요.

3클래스의 경우는 어떻게 되나요?

혼동행렬이 3×3이 되지.

매크로 평균

	예측	그 이외
실제 A		
그 이외		

평균

혼동행렬

	예측A	예측B	예측C
실제 A			
실제 B			
실제 C			

매크로 평균

$$\frac{TP_A + TP_B + TP_C}{N}$$

혼동행렬에서 클래스별 성능을 구해서 평균을 낸 것을 매크로 평균, 각각의 클래스에서 필요한 TP FP FN TN의 수를 더하고 나서 데이터 수로 나누는 것을 마이크로 평균이라고 하지. 마이크로 평균은 데이터의 비율이 평가치에 반영되지.

결국 이들 수치를 어떻게 사용하면 좋을까요?

사안에 따라서는 정밀도를 중시하는 경우도 있고 반대로 재현율을 중시하는 경우도 있겠지. 특별히 어느 쪽을 더 중시해야 하는 상황이 아니라면 F값에서 성능을 평가하는 것이 타당할 것 같아.

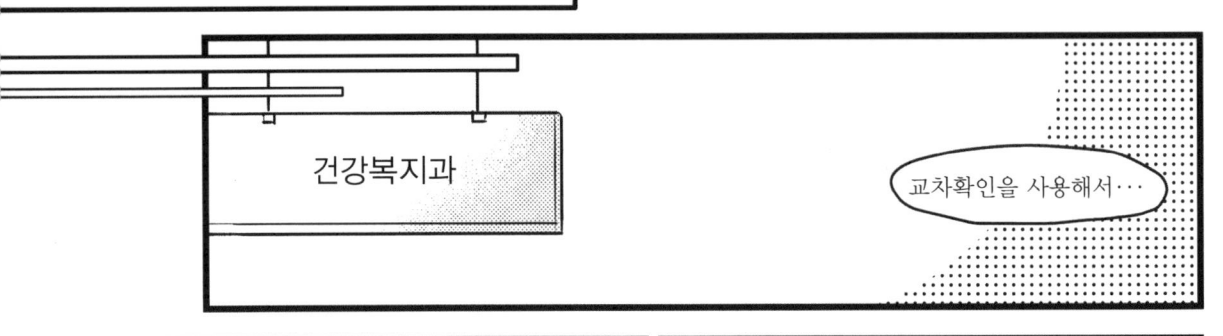

윤서의 방 ④ 수학 복습 ③

이번 이야기는 수학적으로는 쉽지만 머신러닝을 배우는 데 있어서는 매우 중요해. 툴이 출력한 숫자를 복사해서 붙여놓고는 "네, 완성했어요. 하지만 의미는 몰라요"라고 하면 곤란하지.

F_1 Score 식은 조금 걸리네. 단순하게 정밀도와 재현율의 평균으로는 안 되는 건가?

단순한 평균은 상가평균 또는 산술평균으로 불리는 거야. a와 b의 상가평균은 $\frac{a+b}{2}$로 구해. 이것은 테스트의 점수와 기온 등 직접 관측할 수 있는 수치의 평균을 구할 때 사용하는 방법이야.

하지만 정밀도와 재현율은 직접 관측할 수 있는 값이 아니라 율(率)로 구한 거지.

응? 어째서 율은 상가평균을 사용할 수 없는 거지?

예를 들면, 일상적으로 자주 듣는 율로서의 값은 속도가 있어. 시속의 정의는?

$\frac{거리}{시간}$이지!!

 맞아. 그럼 다음 경우를 생각해 볼까?

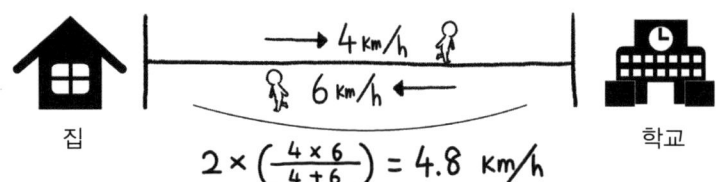

 이것은 지민이가 통학하는 모습이라고 하고, 아침에 학교 갈 때 4km/h의 속도로 걷는다고 하자.

 그리고 하교는 6km/h라고 하자. 물론 갈 때 올 때의 거리는 같아. 이 조건에서 지민이가 걷는 평균 시속은 어떻게 되지?

거리가 주어져 있지 않은데 계산할 수 있으려나. 편도 거리를 x라고 하면 왕복은 $2x$. 걸린 시간은 갈 때가 $\frac{x}{4}$, 올때가 $\frac{x}{6}$이므로 평균 시속을 구하는 식은 이렇게 되지.

$$\frac{2x}{\frac{x}{4}+\frac{x}{6}} = 2 \times \frac{x}{\frac{x(4+6)}{4\times 6}} = 2 \times \frac{4\times 6}{4+6} = \frac{48}{10}$$

아, x가 사라졌다. 정말 평균은 5km/h가 아니라 4.8km/h가 됐네.

 맞아, $2\times\left(\frac{4\times 6}{4+6}\right)$이라는 식이 F_1 Score의 계산식과 같은 형태가 됐지. 이렇게 해서 구한 평균을 조화평균이라고 하니까 기억해둬.

제4장
딥러닝

화상인식에는 딥러닝!

제4장…딥러닝

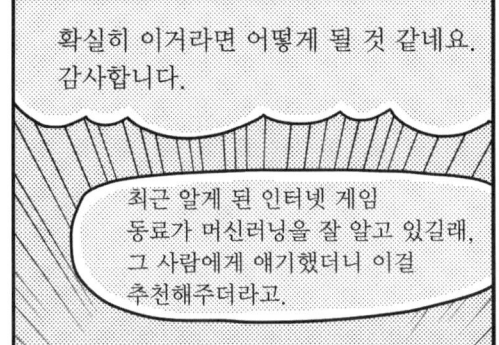

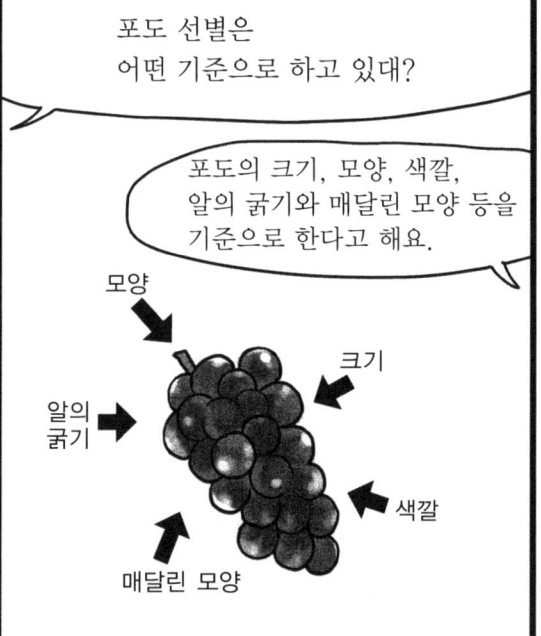

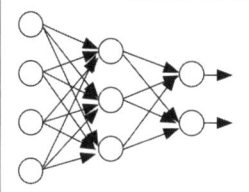  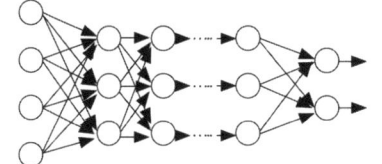 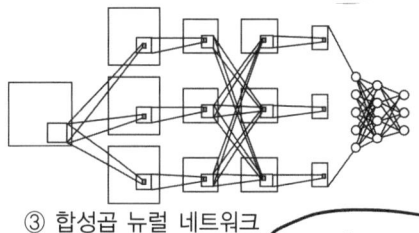

① 뉴럴 네트워크
(기본적인 신경망)

② 다층 뉴럴 네트워크(다층 신경망)

③ 합성곱 뉴럴 네트워크
(합성곱 신경망)

4.1 뉴럴 네트워크

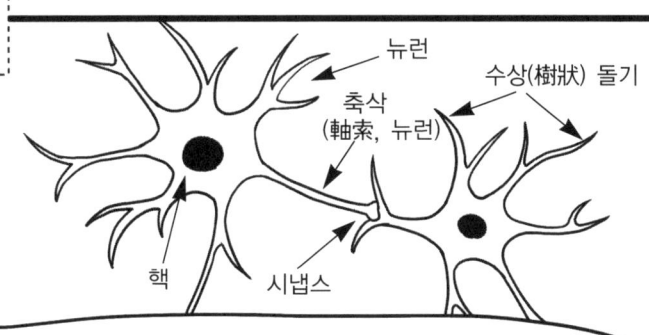

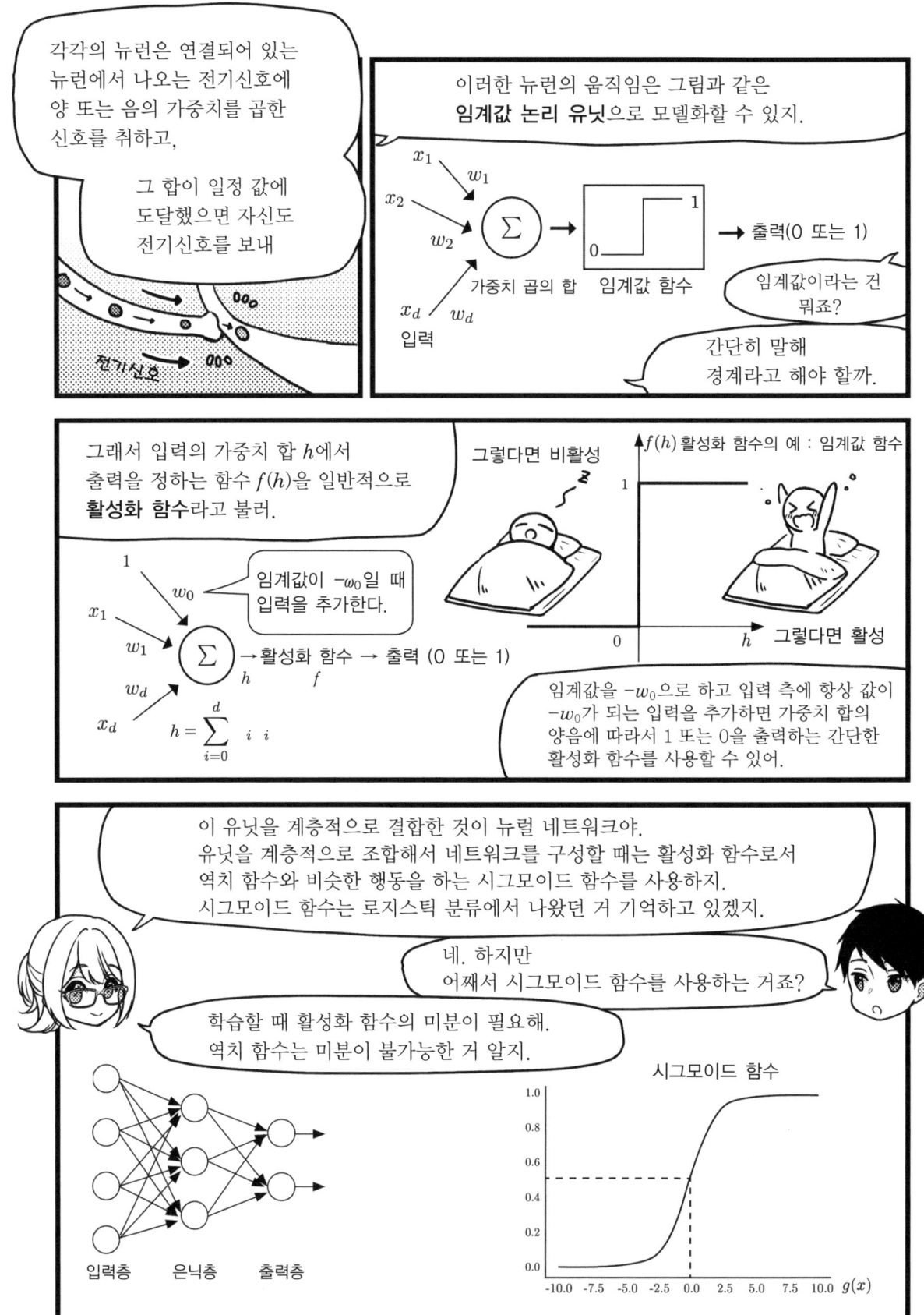

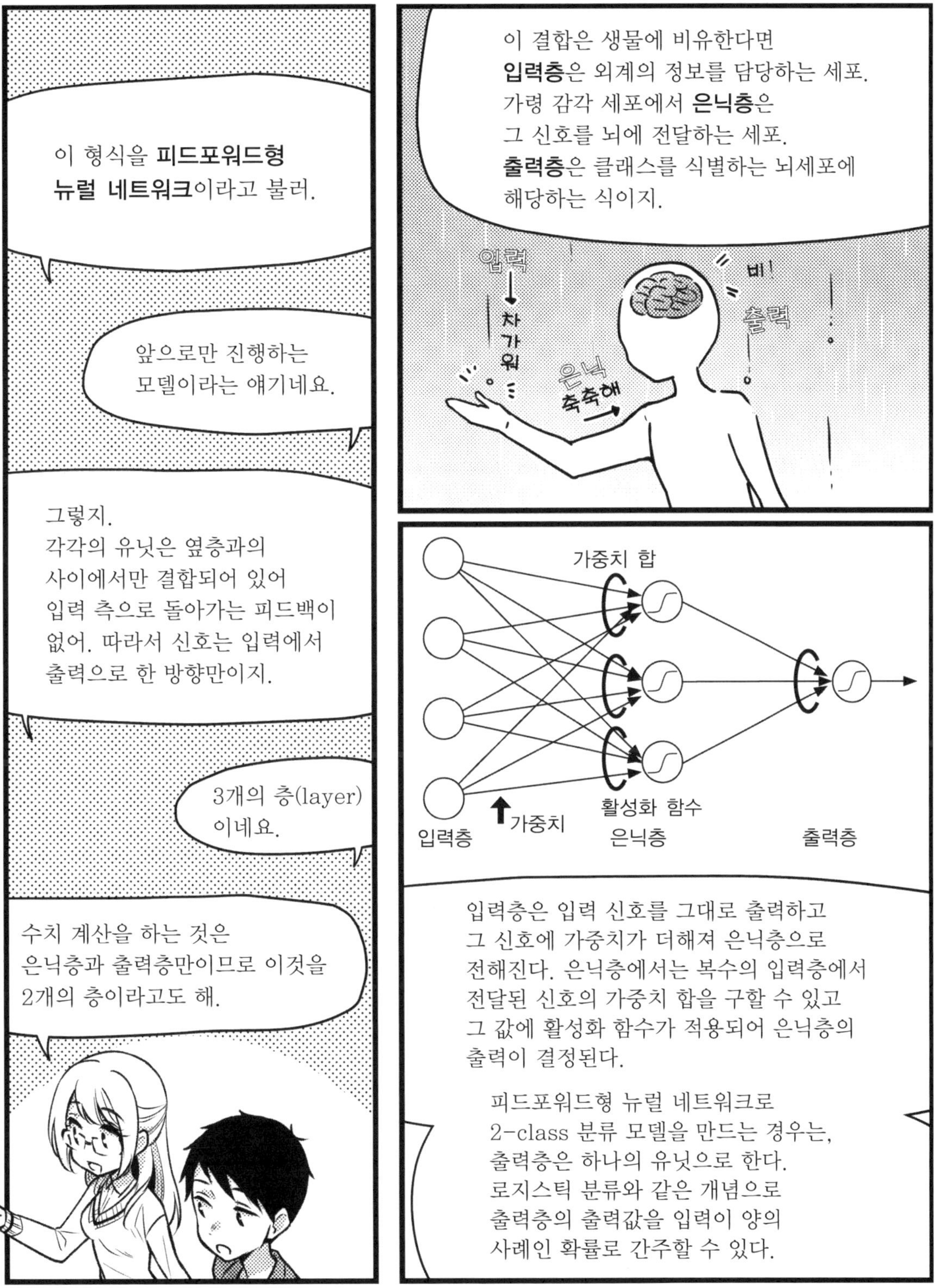

이 형식을 **피드포워드형 뉴럴 네트워크**라고 불러.

앞으로만 진행하는 모델이라는 얘기네요.

그렇지. 각각의 유닛은 옆층과의 사이에서만 결합되어 있어 입력 측으로 돌아가는 피드백이 없어. 따라서 신호는 입력에서 출력으로 한 방향만이지.

3개의 층(layer)이네요.

수치 계산을 하는 것은 은닉층과 출력층만이므로 이것을 2개의 층이라고도 해.

이 결합은 생물에 비유한다면 **입력층**은 외계의 정보를 담당하는 세포. 가령 감각 세포에서 **은닉층**은 그 신호를 뇌에 전달하는 세포. **출력층**은 클래스를 식별하는 뇌세포에 해당하는 식이지.

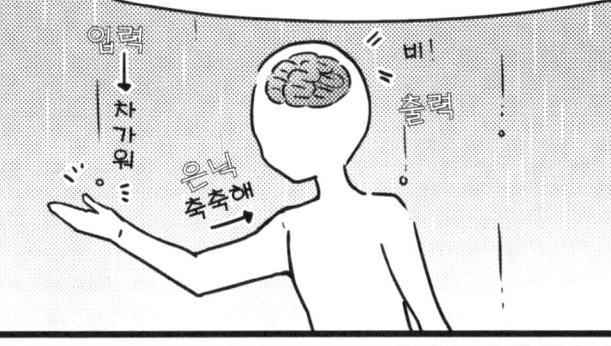

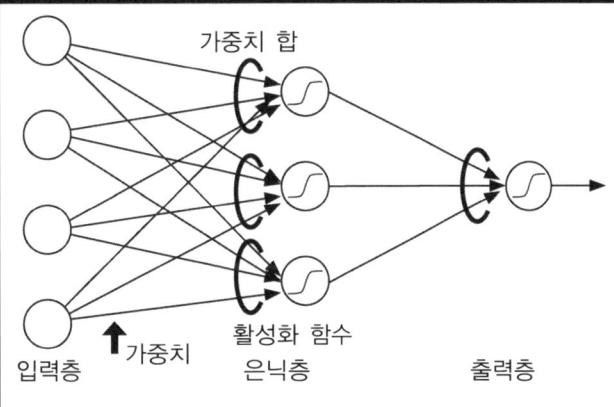

입력층은 입력 신호를 그대로 출력하고 그 신호에 가중치가 더해져 은닉층으로 전해진다. 은닉층에서는 복수의 입력층에서 전달된 신호의 가중치 합을 구할 수 있고 그 값에 활성화 함수가 적용되어 은닉층의 출력이 결정된다.

피드포워드형 뉴럴 네트워크로 2-class 분류 모델을 만드는 경우는, 출력층은 하나의 유닛으로 한다. 로지스틱 분류와 같은 개념으로 출력층의 출력값을 입력이 양의 사례인 확률로 간주할 수 있다.

또한 다중 클래스 식별의 경우
출력층의 유닛 수는 클래스 수 c와 일치하지만
이 경우 복수의 출력층이 1에 가까운 값을
출력할 가능성이 있어.

그런 경우는
활성화 함수 $f(h)$로서
시그모이드 함수가 아니라
아래의 **소프트맥스 함수**를
이용하기도 하지.

$$g_k = \frac{exp(h_k)}{\sum_{j=1}^{c} exp(h_j)}$$

단 h_k는 k-class에 대응하는 출력층
유닛에서의 은닉층의 출력 가중치 합이야.

가중치 합에 시그모이드 함수를 적용해서
0부터 1 사이의 수로 하고 나서
최댓값을 취해도 좋을 것 같은데요.

활성화 함수에 소프트맥스 함수를 사용한 경우
각 출력층 유닛의 출력 g_k를
모두 더하면 1이 되므로
확률로 간주할 수 있기 때문이지.

클래스별 확률을 알 수 있는 거네요.

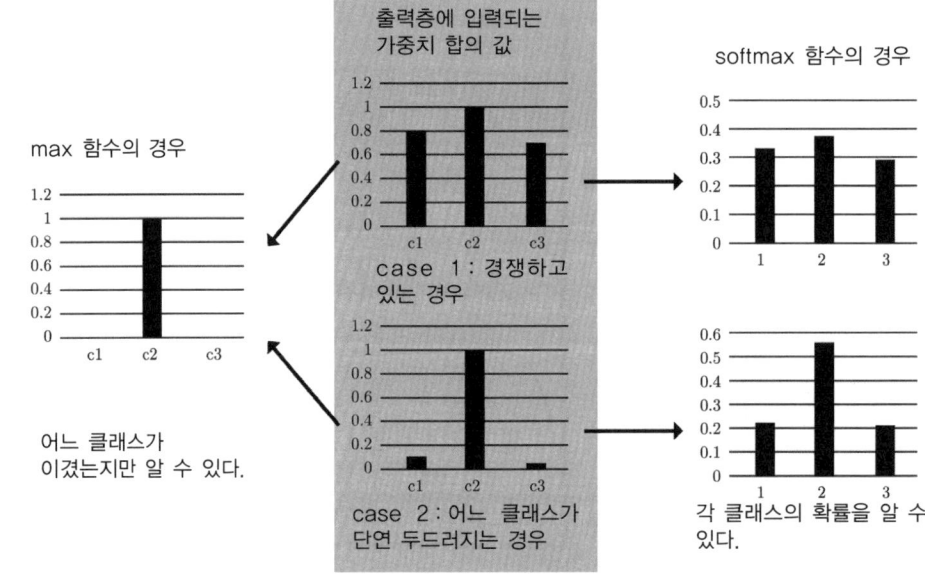

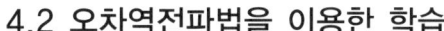

오차역전파법에 대해 알아보겠습니다.
아래와 같은 구조를 한 뉴럴 네트워크의 학습을 생각해 봅시다.

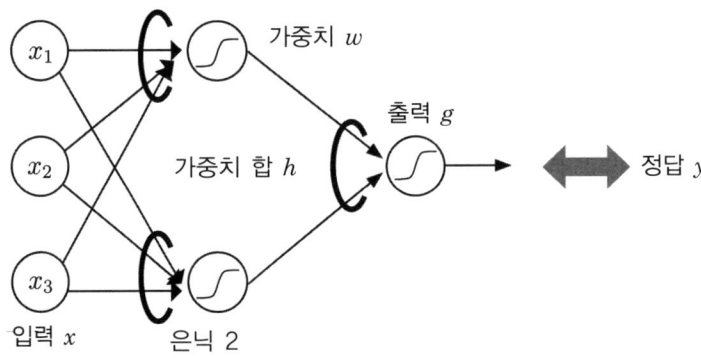

학습에 이용하는 데이터는 특징 벡터 x와 정답 y를 쌍으로 합니다. 이 데이터 집합을 D라고 하고 그 안의 i번째 페어를 (x_i, y_i)라고 합니다. 오차함수에는 여러 가지 함수를 설정할 수 있지만 여기서는 2승 오차를 계산하는 아래 함수의 최소화를 생각합니다.

$$E(\boldsymbol{w}) \equiv \frac{1}{2} \sum_{\boldsymbol{x}_i \in D} (g_i - y_i)^2 \quad \cdots\cdots\cdots\cdots\cdots (4.1)$$

여기서 w는 뉴럴 네트워크의 가중치 모두를 통합해서 표기한 것입니다. 아래에서는 2장에서 설명한 최대경사법을 이용해서 w 안의 특정한 하나의 가중치 w에 착안해서 이 값을 조정해서 오차를 줄이는 방법을 설명합니다.

$$w \leftarrow w - \eta \frac{\partial E(\boldsymbol{w})}{\partial w} \quad \cdots\cdots\cdots\cdots\cdots (4.2)$$

최대경사법에서는 오차함수 $E(w)$를 w로 편미분한 것을 구합니다. 이때 무게 w의 변화가 가중치 합 h를 변화시키고, 그 값에 활성화 함수가 곱해져서 출력 g가 변화합니다. 따라서 합성 미분의 공식을 이용하면 아래의 식을 얻을 수 있습니다.

$$\frac{\partial E(\boldsymbol{w})}{\partial w} = \frac{\partial E(\boldsymbol{w})}{\partial h} \frac{\partial h}{\partial w} \quad \cdots\cdots\cdots\cdots\cdots (4.3)$$

식 (4.3)의 우변 제2항을 계산하면, 가중치 합 h의 정의로부터 대상으로 하는 가중치 w로 결합되어 있는 이전 층의 출력을 얻을 수 있습니다. 우변 제1항은 다시 합성 미분의 공식을 이용해서 아래와 같이 적을 수 있습니다. 뒤에서 이용하기 위해 이것을 오차량 ε로 둡니다.

$$\varepsilon = \frac{\partial E(w)}{\partial h} = \frac{\partial E(w)}{\partial g}\frac{\partial g}{\partial h} \quad\cdots\cdots\cdots\cdots\cdots\cdots (4.4)$$

식 (4.4)의 우변 제2항은 활성화 함수의 미분입니다. 활성화 함수로서 시그모이드 함수를 이용하고 있기 때문에 이 경우는 $g(1-g)$가 됩니다.

우변 제1항은 가중치의 위치에서 경우의 수를 나눕니다. w가 은닉층에서 출력층으로의 가중치인 경우 우변 제1항은 오차함수의 미분이 됩니다.

$$\frac{\partial E(\boldsymbol{w})}{\partial g} = g - y \quad\cdots\cdots\cdots\cdots\cdots\cdots (4.5)$$

한편 w가 입력층에서 은닉층으로의 가중치인 경우 우변 제1항의 g는 은닉층의 출력이며 그 값은 출력층의 h를 경유해서 출력층의 출력에 영향을 미칩니다. 일반적으로 출력층이 복수 있다고 생각하고 h_j를 j번째의 출력층으로의 입력으로 하면 식(4.4)의 우변 제1항은 아래와 같습니다.

$$\frac{\partial E(\boldsymbol{w})}{\partial g} = \sum_j \frac{\partial E(\boldsymbol{w})}{\partial h_j}\frac{\partial h_j}{\partial g} = \sum_j \varepsilon_j w_j \quad\cdots\cdots\cdots (4.6)$$

여기서 식 (4.4)에서 정의한 ε를 사용했습니다. ε_j는 은닉층에서 출력층으로의 j번째 결합의 가중치이고, 입력층에서 은닉층으로의 가중치의 수정에 이 값을 사용하고 있는 점이 이 방법의 핵심입니다. 이상을 정리하면 오차량 ε는 아래와 같이 계산할 수 있습니다.

$$\varepsilon = \begin{cases} (g-y)g(1-g) & \text{은닉층에서 출력층으로의 가중치인 경우} \\ \sum_j \varepsilon_j w_j g(1-g) & \text{입력층에서 은닉층으로의 가중치인 경우} \end{cases}$$

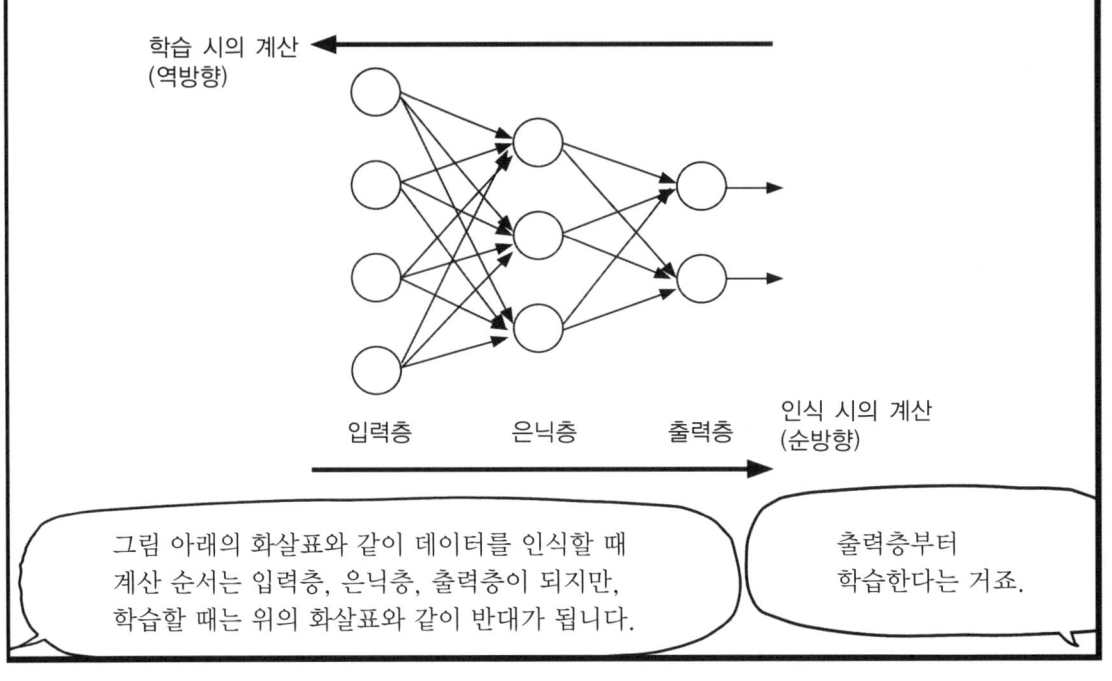

그림 아래의 화살표와 같이 데이터를 인식할 때 계산 순서는 입력층, 은닉층, 출력층이 되지만, 학습할 때는 위의 화살표와 같이 반대가 됩니다.

출력층부터 학습한다는 거죠.

출력층은 출력과 교사신호를 비교했을 때 오차의 크기에 비례해서 교사로부터 혼나는 이미지입니다.

틀린 만큼 크게 혼납니다.

다음으로 출력층이 화를 낸 양과 이 유닛으로의 가중치 크기만큼 은닉층이 화를 냅니다.

왠지 회사 같군요…

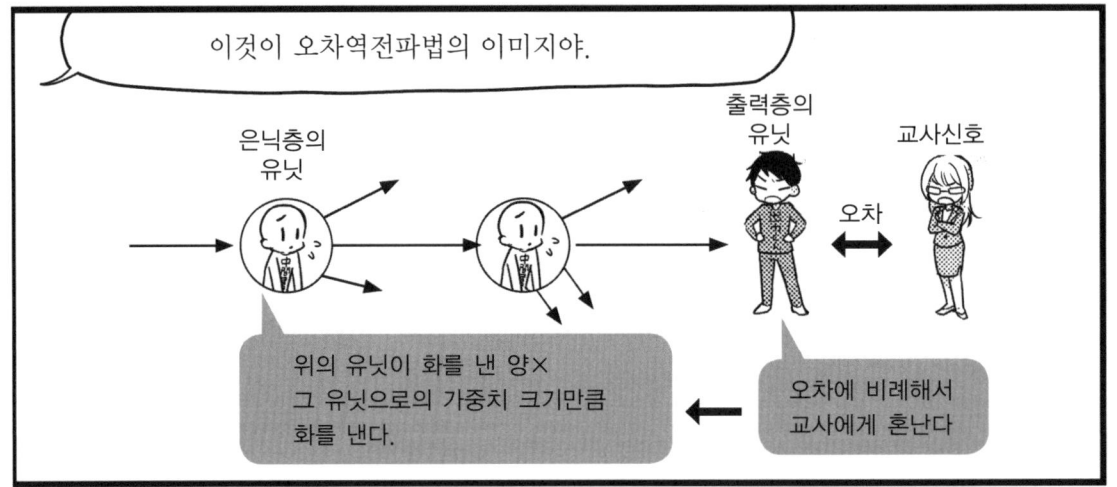

4.3 심층학습에 도전

그럼 다음으로 다층 뉴럴 네트워크로서의 **심화학습**, 즉 **머신러닝**이 어떤 건지 설명할게.

네, 선생님! 뉴럴 네트워크의 계층을 심화하면 무엇이 좋은가요?

음….
특징 추출도 학습의 대상으로 삼을 수 있다는 점이라고 해야 할까. 지금까지는 음성이나 화상 인식에는 복잡한 절차에 따라 특징을 추출하는 처리가 필요했지. 하지만 딥 뉴럴 네트워크에서는

화상 데이터와 음성 신호를 그대로 입력해서 단순한 특징 표현부터 단계적으로 복잡한 구조를 추출할 수 있어 매우 높은 성능을 실현하고 있지.

딥러닝이 전문인 분야
- 음성인식
- 화상인식
- 자연언어처리

그렇군요.

사실 앞에서 말한 오차역전파법을 이용한 학습이 유행하던 1980년대 후반에도 뉴럴 네트워크의 계층을 심화해서 성능을 높이려고 했지만

잘 되지 않았어.

어째서요?

그것에 대해 설명할게.
먼저, 딥 뉴럴 네트워크의 문제점을 설명하고 그 문제를 해결하는 방법을
① 다층학습을 이용한 방법과
② 문제에 특화한 구조의 도입
　측면에서 설명할게!

네. 부탁드립니다.

4.3.1 딥 뉴럴 네트워크의 문제점

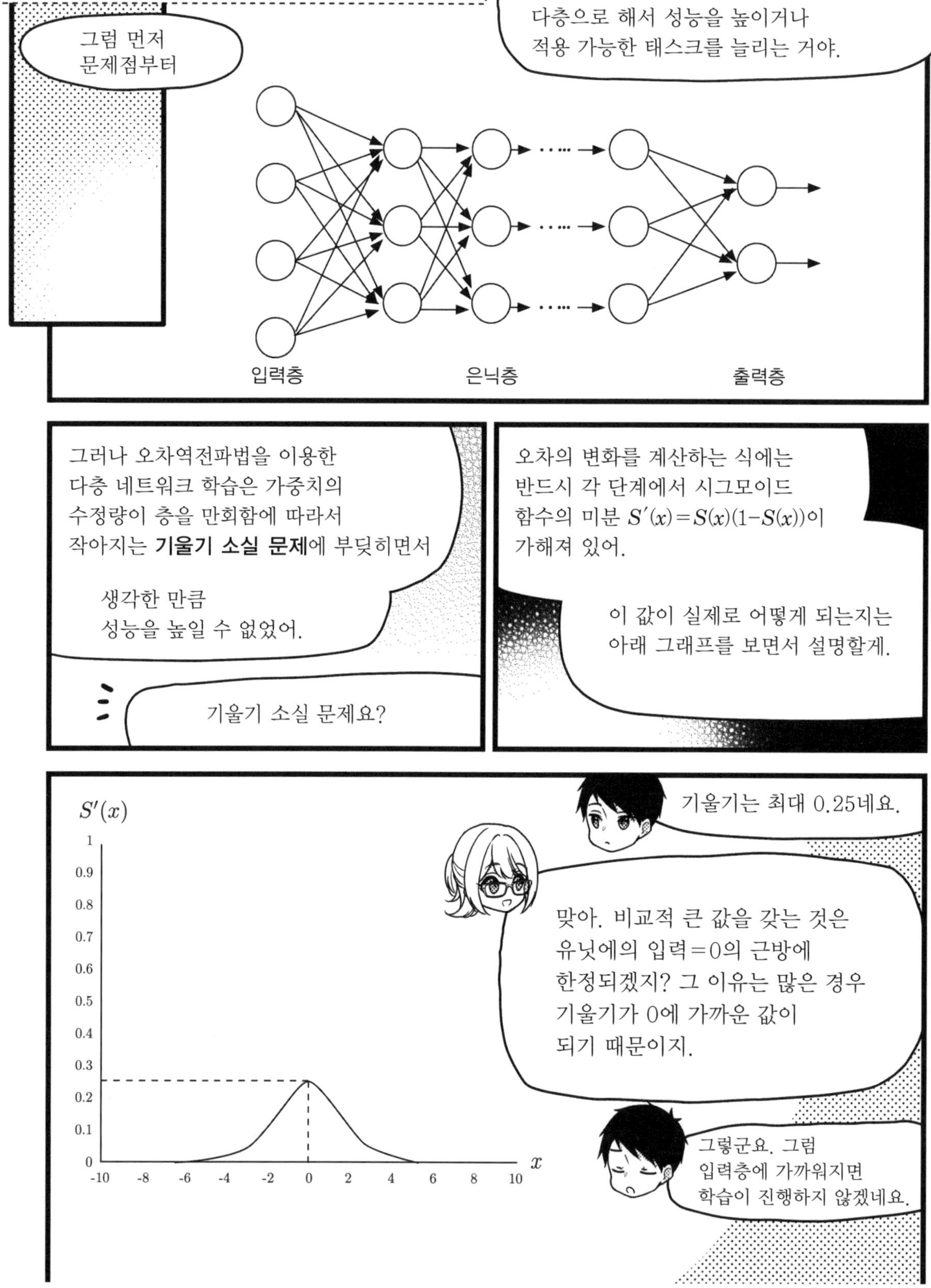

그럼 먼저 문제점부터

딥 뉴럴 네트워크는 그림과 같이 피드포워드 네트워크의 은닉층을 다층으로 해서 성능을 높이거나 적용 가능한 태스크를 늘리는 거야.

입력층   은닉층   출력층

그러나 오차역전파법을 이용한 다층 네트워크 학습은 가중치의 수정량이 층을 만회함에 따라서 작아지는 **기울기 소실 문제**에 부딪히면서

생각한 만큼 성능을 높일 수 없었어.

기울기 소실 문제요?

오차의 변화를 계산하는 식에는 반드시 각 단계에서 시그모이드 함수의 미분 $S'(x) = S(x)(1-S(x))$이 가해져 있어.

이 값이 실제로 어떻게 되는지는 아래 그래프를 보면서 설명할게.

기울기는 최대 0.25네요.

맞아. 비교적 큰 값을 갖는 것은 유닛에의 입력=0의 근방에 한정되겠지? 그 이유는 많은 경우 기울기가 0에 가까운 값이 되기 때문이지.

그렇군요. 그럼 입력층에 가까워지면 학습이 진행하지 않겠네요.

4.3.2 다계층학습을 이용한 방법(1) 사전학습법

사전학습법이란 오차역전파법을 사용한 학습을 수행하기 전에 어떠한 방법으로든 가중치의 초기 파라미터를 적절하게 사전 조정해두는 개념이야.

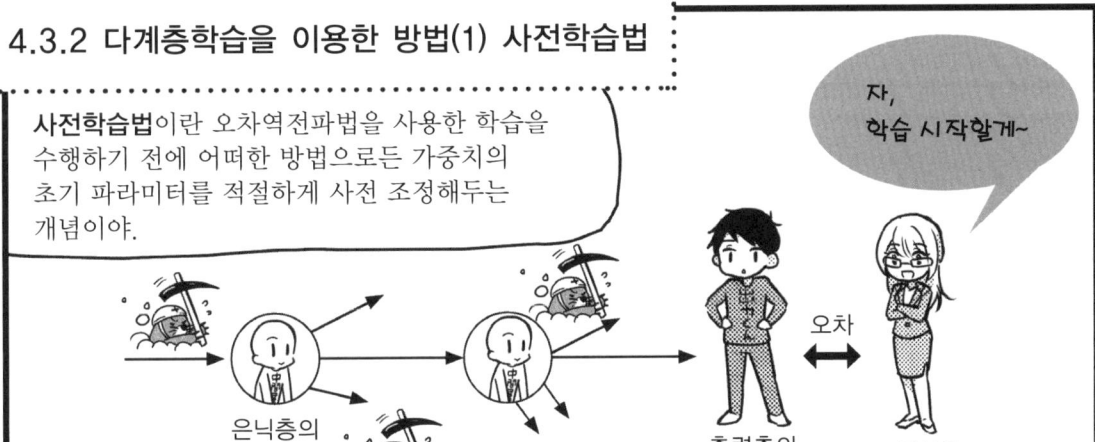

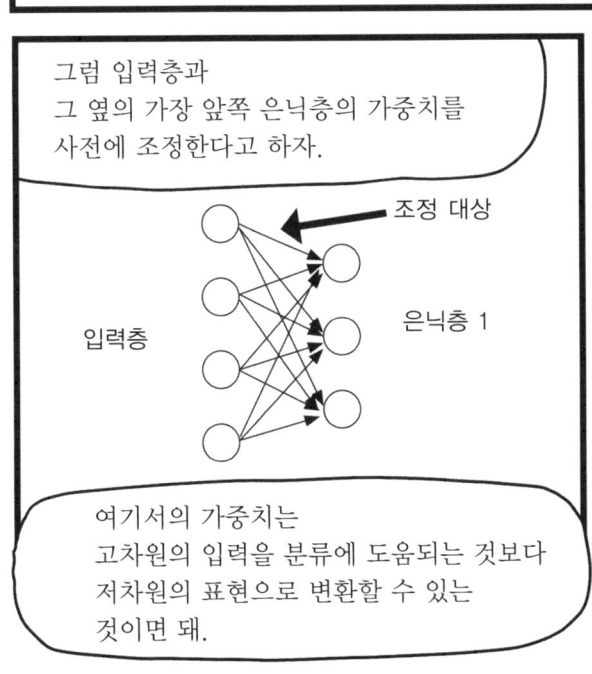

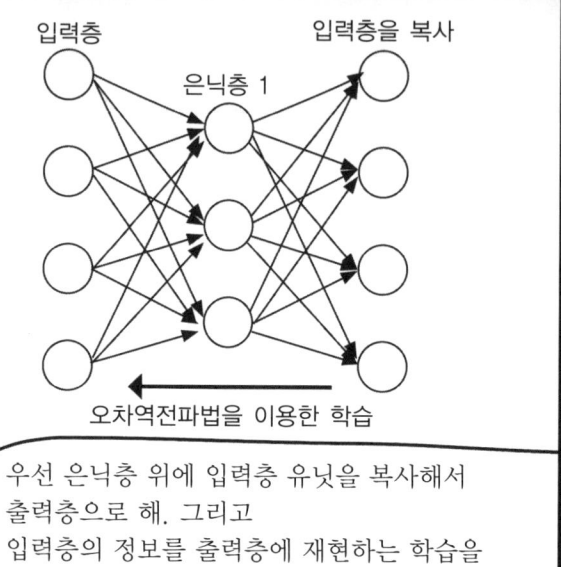

그래서 문제를 '보다 작은 유닛 수로 가능한 한 손실 없이 특징 벡터의 정보를 압축' 하는 것으로 전환하는 거야.

무슨 얘기예요?

우선 은닉층 위에 입력층 유닛을 복사해서 출력층으로 해. 그리고 입력층의 정보를 출력층에 재현하는 학습을 수행하는 거야. 이것을 오토 인코더라고 해.

입력층을 복사해서 출력층으로 하는 것에 의미가 있나요? 결국 입력층과 같은 거잖아요?

일반적으로 은닉층의 유닛 수는 입력층의 유닛 수보다 적게 설정하기 때문에 그 형태 그대로는 입력층의 정보를 복사한 출력층으로 재현할 수는 없어.

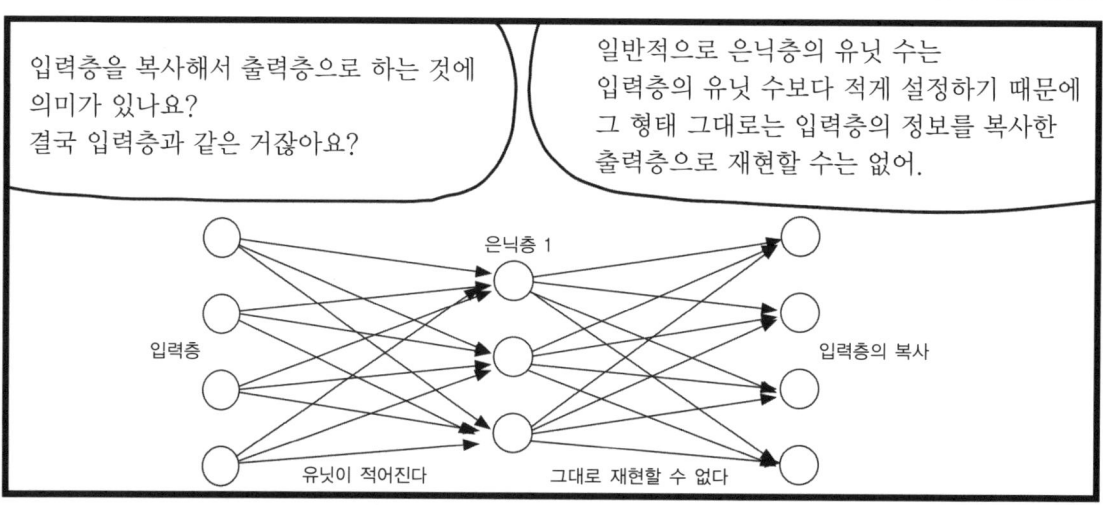

그렇구나…

그대로가 아니라 데이터의 특징을 추출해야 하는 거네요.

맞아. 은닉층은 '보다 저차원으로 압축된 정보를 획득한다' 고 하는 과제를 부여받은 셈이지.

이렇게 해서 입력층과 은닉층 ①의 가중치를 조정한 후 그 가중치를 고정하고 같은 내용의 학습을 은닉층 ①과 은닉층 ② 사이에서 수행하는 거야. 이것을 출력층까지 반복해.

중요도가 높은 특징을 제대로 추출하자!

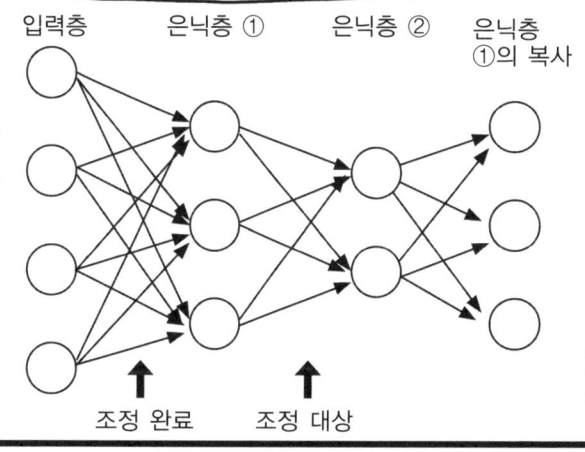

입력층에서 층이 올라감에 따라 노드(유닛)의 수가 줄기 때문에 제대로 특징을 추출하지 않으면 정보를 유지할 수 없지.

원래의 정보를 유지하면서 추상도가 높은 정보 표현을 계속 획득해가는 사전학습법이 기울기 소실 문제를 해결하는 방법이 된 거지.

사전학습법!

이 방법이 2006년경에 발표되면서 딥 뉴럴 네트워크 관련 연구가 활발해졌어.

네에~. 돌파구인 셈이네요.

4.3.3 다계층학습을 이용한 방법(2) 활성화 함수

그럼, 기울기 소실 문제를 해결하기 위한 두 번째 접근법으로 유닛의 활성화 함수를 이용하는 방법이 있어.

이번에는 입력의 가중치 합에서 출력을 결정하는 활성화 함수에 주목한 거네요.

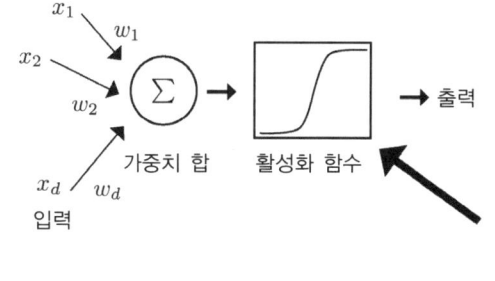

활성화 함수를 어떤 방법으로든 조정하고 싶어!

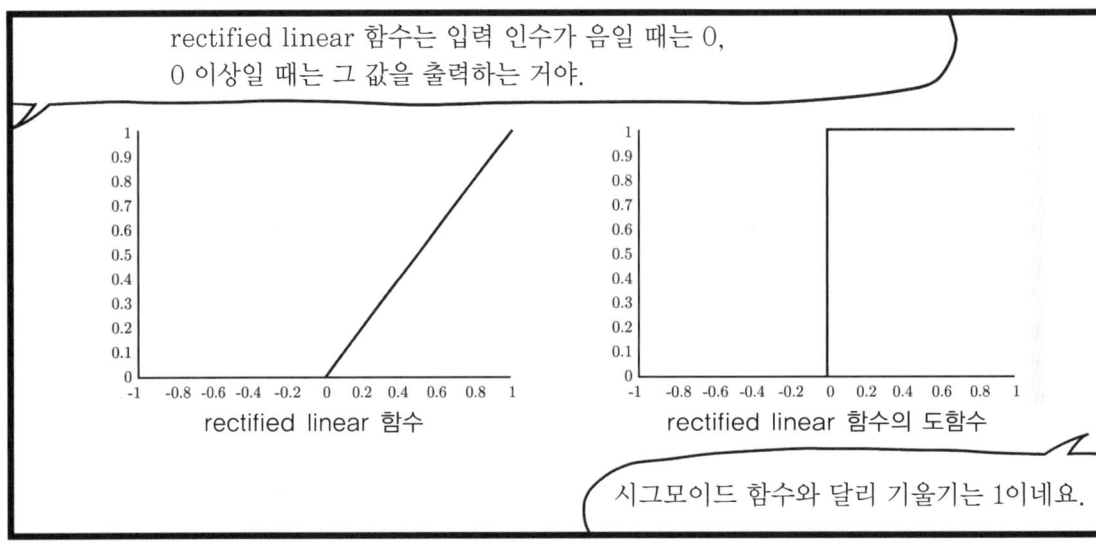

4.3.4 다계층학습법을 이용한 방법(3) 과적합의 회피

또 하나, 딥러닝의 문제점으로 기울기 소실 문제 외에 과적합 문제가 있지.

확실히 대량의 파라미터를 가진 모델이니까 쉽게 학습 데이터에 지나치게 적응할 것 같기는 해요.

과적합에 대한 대책으로 **드롭아웃**이라는 수법을 사용하면 과적합이 쉽게 일어나지 않고 범용성이 높아진다고 보고된 바 있어.

드롭아웃은 어떤 수법인가요?

랜덤으로 일정 비율의 유닛을 지워 학습을 하게 해.

유닛을 지워 학습한다?

우선 각 층의 유닛을 비율 p로 랜덤으로 무효화하는 거야.

예를 들면 $p=0.5$라고 하면 절반의 유닛으로 구성되는 뉴럴 네트워크가 생겨.

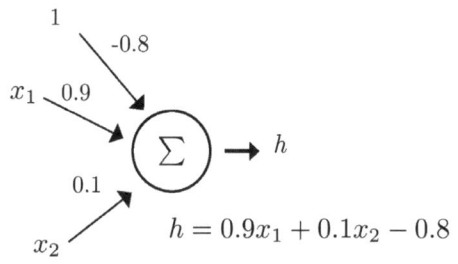

$$h = 0.9x_1 + 0.1x_2 - 0.8$$

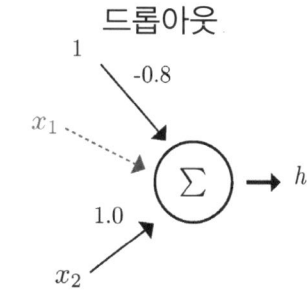

드롭아웃

x_1과 x_2 모두 중요한 정보이지만 학습 시 초깃값의 사소한 차이에 의해 학습 결과의 가중치가 크게 달라지기도 해.

미지의 데이터에서 x_1의 값이 조금 작아지기만 해도 오분류를 일으킬 수 있어.

학습 시에 일정한 비율로 어느 한쪽의 입력이 사라지므로 한쪽만으로도 정답을 내도록 가중치 값이 갖춰지는 거야.

미지의 데이터에서 입력값에 다소의 변동이 있어도 괜찮아.

그리고 이 네트워크에 대해 미니 배치 하나분의 데이터로 오차역전파법을 이용한 학습을 하지.

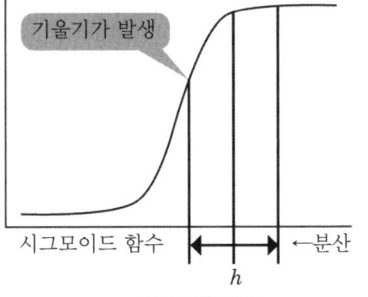

하지만 어째서 드롭아웃으로 과적합이 일어나기 어려운 걸까요?

학습 후, 얻어진 뉴럴 네트워크를 이용해서 분류할 때는 가중치를 p배해서 계산을 수행해. 이것은 복수의 학습을 마친 네트워크의 계산 결과를 평균화한 것이 되지.

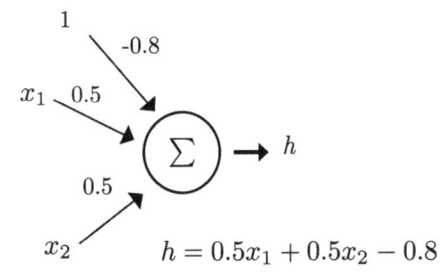

자유도를 낮춤으로써 정칙화와 같은 기능을 한다는 설과 노드에 입력하는 가중치 합 h의 분산이 커짐으로써 학습이 진행해도 기울이가 남기 때문이라는 설이 있는데,

아직 연구자들 사이에서도 논의 중이야. 어쨌든 같은 구조를 유지한 네트워크에 몇 번이고 같은 데이터가 들어오는 상황을 피하기 때문에 과적합이 일어나기 어렵지.

딥 뉴럴 네트워크에 통째로 암기시키면 안 되겠네요.

4.3.5 특화된 구조의 뉴럴 네트워크

지금까지는 다층학습의 문제점을 해결하는 방법에 대해 얘기했는데, 다음은 학습을 성립시키는 또 하나의 수단을 설명할게.

어떤 방법입니까?

네트워크의 구조를 태스크에 특화시키는 방법이야.
태스크에 특화한 딥 뉴럴 네트워크의 대표적인 것이 화상인식에서 자주 이용되는 **합성곱 뉴럴 네트워크**지.

최근의 화상인식 정도는 정말 대단하네요.

얼굴인식

이 그림은 **합성곱층**과 **풀링층**을 교대로 배치하고 마지막 풀링층의 출력을 받는 통상의 뉴럴 네트워크를 최종 출력층에 배치한 거야.

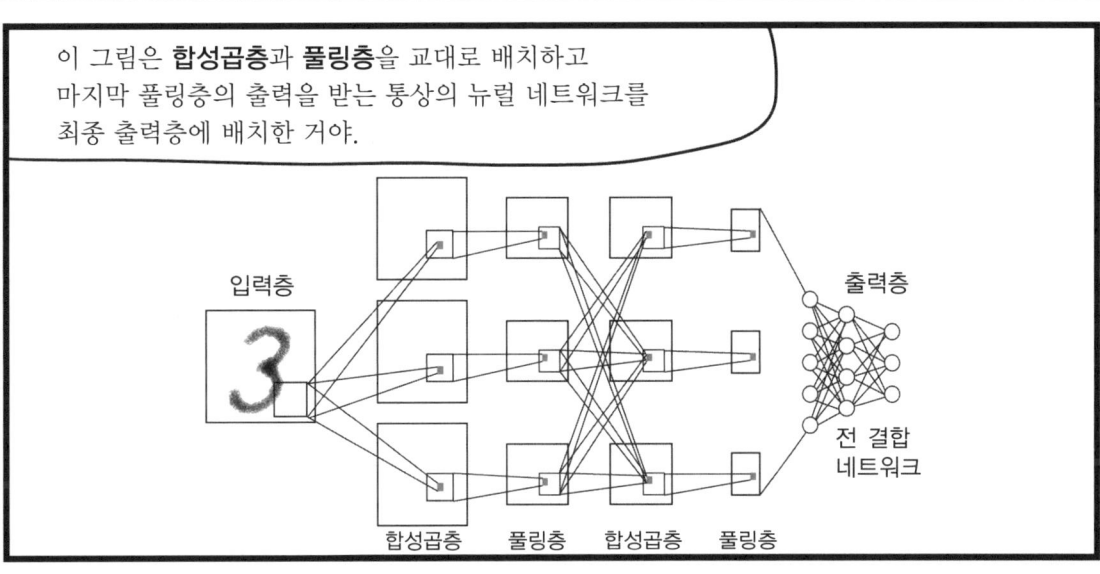

합성곱층의 처리는 화상에 필터를 더하는 처리에 해당해.

필터를 더하는 처리?

필터를 더해서 패턴을 추출하는 거지.
화상에 대한 필터는 아래 그림 오른쪽과 같은 작은 화상으로, 3×3이라고 하지?

네.

1화소씩 주사(走査)

이 화상의 값을
$$\sum_{p=0}^{2}\sum_{q=0}^{2} x_{i+p,j+q} h_{pq}$$
라고 바꾸어 쓸 수 있다.

화상 데이터 x

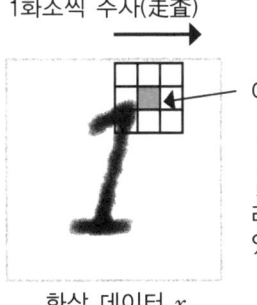

세로 에지 필터 h

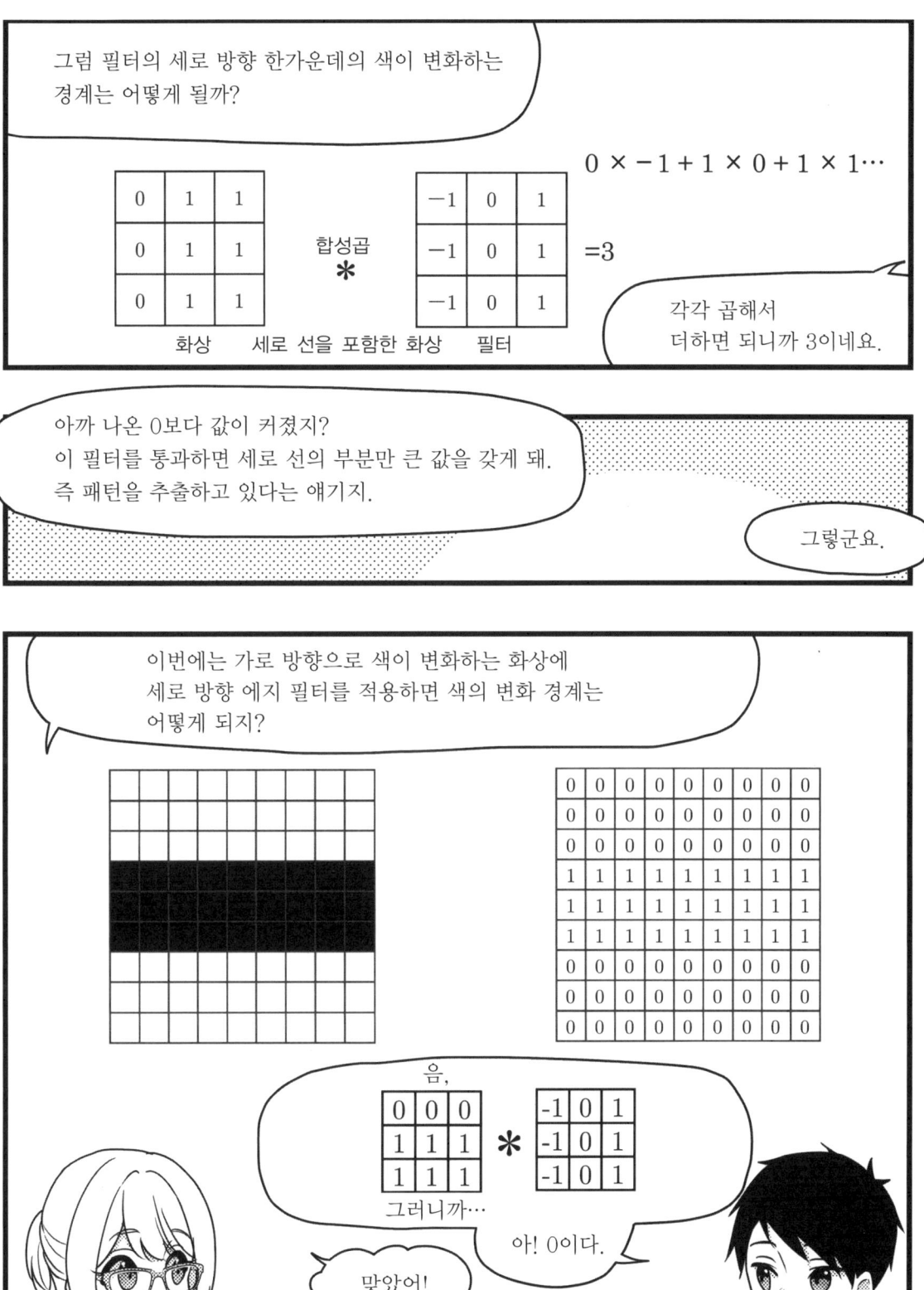

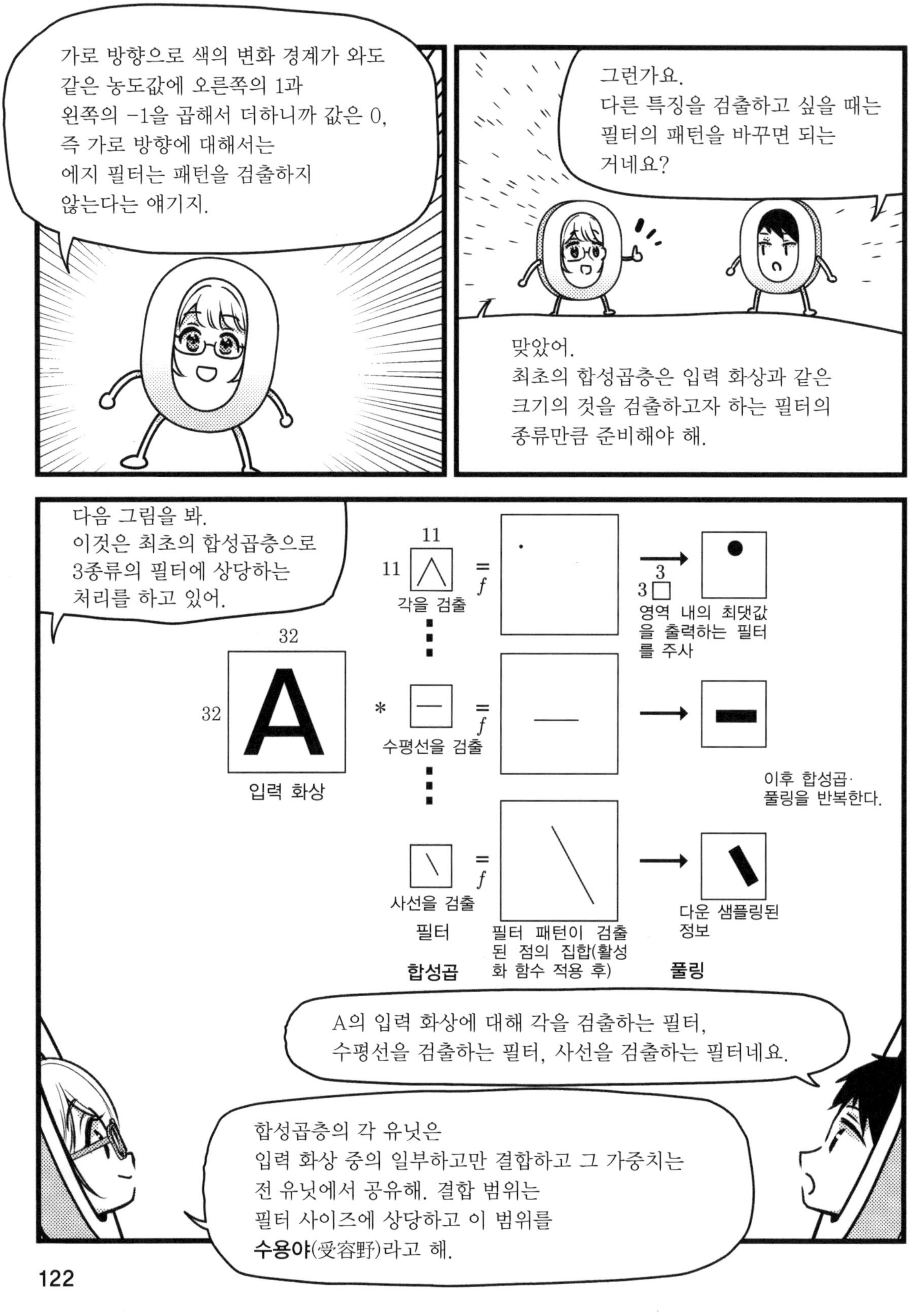

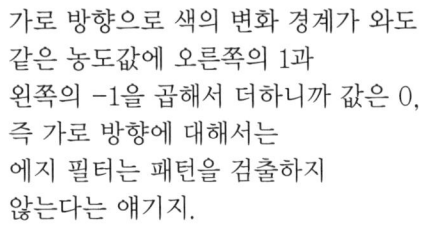

가로 방향으로 색의 변화 경계가 와도 같은 농도값에 오른쪽의 1과 왼쪽의 -1을 곱해서 더하니까 값은 0, 즉 가로 방향에 대해서는 에지 필터는 패턴을 검출하지 않는다는 얘기지.

그런가요. 다른 특징을 검출하고 싶을 때는 필터의 패턴을 바꾸면 되는 거네요?

맞았어. 최초의 합성곱층은 입력 화상과 같은 크기의 것을 검출하고자 하는 필터의 종류만큼 준비해야 해.

다음 그림을 봐. 이것은 최초의 합성곱층으로 3종류의 필터에 상당하는 처리를 하고 있어.

합성곱   필터 패턴이 검출된 점의 집합(활성화 함수 적용 후)   풀링

A의 입력 화상에 대해 각을 검출하는 필터, 수평선을 검출하는 필터, 사선을 검출하는 필터네요.

합성곱층의 각 유닛은 입력 화상 중의 일부하고만 결합하고 그 가중치는 전 유닛에서 공유해. 결합 범위는 필터 사이즈에 상당하고 이 범위를 **수용야**(受容野)라고 해.

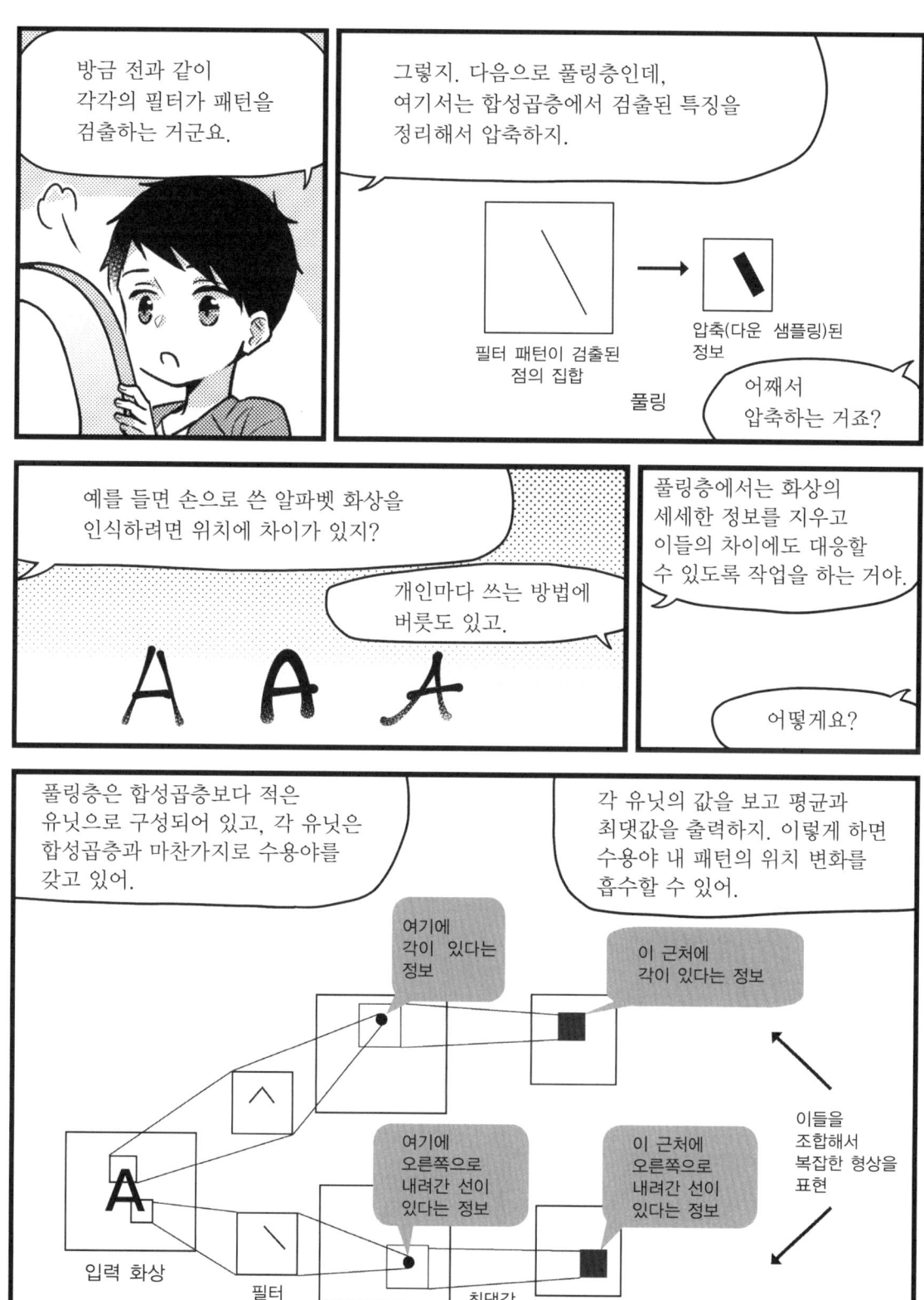

Python에서의 딥러닝 코딩은 심층학습 라이브러리를 사용하면 됩니다.

여기서는 Keras라는 라이브러리를 사용합니다. Keras는 자주 사용되는 심층학습 라이브러리 TensorFlow를 부품으로 사용해서 보다 높은 레벨로 기술할 수 있기 때문에 딥러닝을 이용해서 전형적인 문제를 간단한 코드로 적을 수 있습니다.

```
import keras
```

MNIST 데이터는 손으로 쓴 숫자의 농담(濃淡) 화상 데이터입니다. 1장의 화상은 세로 28화소×가로 28화소로, 각 화소는 농담값이 0부터 255까지의 정수로 나타냅니다.

학습용으로 60,000화상, 평가용으로 10,000화상이 준비되어 있습니다. Keras에는 MNIST 데이터를 자동으로 다운로드해서 데이터를 학습용 화상·라벨과 평가용 화상·라벨의 각각으로 분류하고 numpy의 어레이로서 되돌려주는 메소드가 있습니다.

```
from keras.datasets import mnist
(X_train, y_train), (X_test, y_test) = mnist.load_data()
```

다음으로 조금 데이터를 가공합니다. 우선 입력을 일반적인 화상인식 합성곱 뉴럴 네트워크의 표준적인 것으로 변환합니다.

통상의 화상인식은 컬러 화상을 대상으로 하지만 1장의 화상은 세로 화소 수×가로 화소 수×색 수의 3차원 텐서가 되고 입력 데이터 전체는 제일 앞에 화상의 매수를 추가한 4차원 텐서로 표현합니다.

이번의 농담 화상은 화상의 매수×세로의 화소 수×가로의 화소 수로 나타내므로 마지막의 4차원째에 색 수인 1을 더한 4차원 텐서로 변환합니다.

또한 뉴럴 네트워크에서는 입력을 0부터 1과 같은 작은 범위에 두면 무게의 초깃값과 학습계수의 스케일 조정이 불필요합니다. 이번에는 요소의 최댓값이 255이므로 정수형에서 부동소수점형으로 변환한 다음 전 데이터를 255로 나누는 조작을 합니다.

```
img_rows, img_cols = 28, 28

X_train = X_train.reshape(X_train.shape[0], img_rows, img_cols, 1)
X_test = X_test.reshape(X_test.shape[0], img_rows, img_cols, 1)
input_shape = (img_rows, img_cols, 1)

X_train = X_train.astype('float32') / 255
X_test = X_test.astype('float32') /255
```

다음은 출력의 가공입니다. 정답 라벨은 그 화상이 나타내는 숫자를 0부터 9의 정수로 표현하지만 이것을 one-hot이라고 하는 10차원 벡터로 변환합니다.

one-hot 표현에서는 정답이 되는 차원만이 값 1이 되고 나머지는 0이 됩니다. 이것은 뉴럴 네트워크의 출력층이 클래스 수(이번에는 10클래스)로 이루어지기 때문에 출력층에 대한 교사신호로서 가하기 쉬운 형식으로 변환한 것입니다.

```
from keras.utils import to_categorical
Y_train = to_categorical(y_train)
Y_test = to_categorical(y_test)
```

다음으로 합성곱 뉴럴 네트워크의 구조를 정의합니다. 합성곱(필터 사이즈 3×3)과 풀링(사이즈 2×2)을 2회 반복하고 그 출력을 1차원으로 바꾸어 나열하고 나서 2층의 뉴럴 네트워크에 건네 분류하도록 합니다. 활성화 함수는 출력층은 softmax, rm 이외는 ReLU로 합니다.

```
from keras.models import Sequential
from keras.layers import Conv2D, MaxPooling2D, Flatten, Dense

n_out = len(Y_train[0])   # 10

model = Sequential()
model.add(Conv2D(16, kernel_size=(3, 3),
                 activation='relu',
                 input_shape=input_shape))
model.add(MaxPooling2D(pool_size=(2, 2)))
model.add(Conv2D(32, (3, 3), activation='relu'))
model.add(MaxPooling2D(pool_size=(2, 2)))
model.add(Flatten())
model.add(Dense(128, activation='relu'))
model.add(Dense(n_out, activation='softmax'))
model.summary()
```

Keras에서는 summary 메소드로 구축한 네트워크의 구조를 볼 수 있습니다.

```
Layer (type)                    Output Shape              Param #
=================================================================
conv2d_1 (Conv2D)               (None, 26, 26, 16)        160
_____
max_pooling2d_1 (MaxPooling2    (None, 13, 13, 16)        0
_____
conv2d_2 (Conv2D)               (None, 11, 11, 32)        4640
_____
max_pooling2d_2 (MaxPooling2    (None, 5, 5, 32)          0
_____
flatten_1 (Flatten)             (None, 800)               0
_____
dense_1 (Dense)                 (None, 128)               102528
_____
dense_2 (Dense)                 (None, 10)                1290
=================================================================
Total params: 108,618
Trainable params: 108,618
Non-trainable params: 0
```

이 네트워크에 대해 compile 메소드로 평가함수(categorical cross entropy)와 최적화기(RMSProp)를 가하고 나서 fit 메소드로 학습을 수행합니다.

```
model.compile(loss = 'categorical_crossentropy',
              optimizer = 'rmsprop',
              metrics = ['accuracy'])
model.fit(X_train, Y_train, epochs=5, batch_size=200)
score = model.evaluate(X_test, Y_test, verbose=0)
print('Test loss:', score[0])
print('Test accuracy:', score[1])

Epoch 1/5
60000/60000 [==============================] - 13s 224us/step - loss: 0.2883 - acc: 0.9130
Epoch 2/5
60000/60000 [==============================] - 13s 210us/step - loss: 0.0763 - acc: 0.9765
Epoch 3/5
60000/60000 [==============================] - 14s 239us/step - loss: 0.0516 - acc: 0.9836
Epoch 4/5
60000/60000 [==============================] - 14s 238us/step - loss: 0.0384 - acc: 0.9874
Epoch 5/5
60000/60000 [==============================] - 14s 235us/step - loss: 0.0306 - acc: 0.9906
Test loss: 0.03475515839108266
Test accuracy: 0.9878
```

평가용 데이터에서 정답률 98.78%로 매우 높은 성능이 나왔습니다.

현재 정밀도 98%의 선별 시스템이 완성됐습니다.

농가에 학습 데이터 작성을 의뢰 포도 사진을 많이 찍어서

학습 데이터, 검증 데이터, 테스트 데이터로 분류

학습 데이터를 사용해서 합성곱 네트워크에서 포도 선별 시스템을 작성

검증 데이터로 평가하고 필터 수와 유닛 수를 조정

마지막으로 테스트 데이터로 성능 예측

다만, 이 상태라면 100개 중 2개나 잘못되어 버려서 조금 더 성능을 높이고 싶어요.

음.

하지만 나 배 고픈데~

그럼 선배 먼저 돌아가도 괜찮아요.

아니, 가고 싶은 라면집이 있는데 한턱 내.

윤서의 방 ⑤ 수학 복습 ④

후배는 다시 기운을 차렸네. 사이트 실패했다는 얘기 듣고 걱정했는데…

 맞아. 내가 좀 더 확실히 가르칠 걸 많이 후회했어. 하지만 민수 군이 다시 힘내줘서 다행이야.

얘기를 들어 보니 후배가 조금은 듬직해진 것 같은데?

 듣고 보니 그렇네. 학생일 때는 별 도움이 안 된다고 생각했는데, 뭔가 훌륭해진 것 같긴 해.

음. 시간 되면 후배 한번 만나보고 싶네. 근데, 후배 잘 생겼어?

 글쎄? 그런 생각을 해 본 적이 없어서. 그럼, 시간 되면 만나게 해줄게.

응, 시간 되면.(둔감한 언니야~. 민수 군 불쌍하네)

이번에는 딥러닝이었지. 실장하는 게 만만치 않을 것 같은데.

 딥러닝은 텐서를 다루는 것에 익숙해지면 코딩이 수월하지. 텐서는 프로그래밍 언어에서 다차원의 배열이지.

프로그래밍에서는 2차원 배열까지는 자주 사용하지만 그 이상은 별로 본 적이 없을지도 몰라.

 지민이는 화상처리 프로그램을 작성해 본 적 없어?

화상을 표시해 본 적은 있지만, 그 내용을 조작하는 코드를 작성한 적은 없어.

 그럼, 예를 들어 농담 화상을 생각해보자. 새까만 화소를 0, 새하얀 화소를 255, 그 이외의 중간에 해당하는 회색은 1에서 254까지의 정수로 나타낸다고 하자. 짙은 회색은 작은 값, 옅은 회색은 큰 값이 되지. 그것을 세로 방향과 가로 방향의 직사각형으로 나열한 데이터형은 어떻게 나타내지?

그러니까, 정수형의 2차원 배열인가?

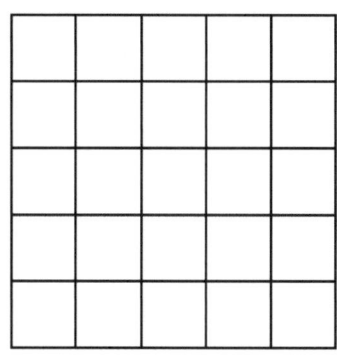

 그렇지. 2차원 배열은 수학적으로는 행렬을 나타내게 되지.

그렇구나. 전체를 괄호로 둘러싸면 행렬이구나.

 자, 다음은 컬러 화상을 생각해보자. 컬러 화상은 통상 RGB 데이터라고 해서 하나의 화소가 적·녹·청 각 빛의 강도를 조합해서 표현되지. 이들은 빛의 3원색으로 각각의 값을 변화시킴으로써 여러 가지 색을 표현할 수 있어.

와, 재미있네.

 이것은 어떤 데이터형으로 나타낼 수 있다고 생각해?

 적·녹·청이 각각 2차원 배열로 나타나고 이들의 크기가 같으므로 3개 모아서 3차원 배열이 되는 건가?

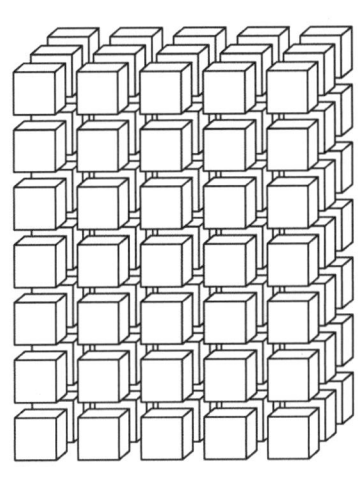

 그래. 이 데이터 구조에 대응하는 수학 표현을 3D 텐서라고 불러.

 그리고 3D 텐서를 여러 개 모아서 나열한 것이 4D 텐서야.

 컬러 화상을 여러 개 나열한 것이라는 것이, 바로 머신러닝에 사용하는 학습 데이터구나.

 정답! 그럼 동화상의 학습 데이터는 어떤 텐서가 될까?

동화상은 화상을 시간 축 방향으로 나열한 것이지. 그렇게 하면 그 자체가 4D 텐서가 되기 때문에 이것을 여러 개 모으면…. 5D 텐서?

바로 그거야!

우와. 텐서라는 게 점점 복잡해지는구나.

머신러닝에서 사용하는 것은 대략 이 정도야. 딥러닝은 최후의 분류를 하기 쉽도록 각 층에서 텐서가 변환되어 있다고 보면 돼.

응. 그러고 보니 할머니한테 취직 결정됐다고 들었는데, 어떻게 됐어?

아~. 아직 여러 가지로 생각하는 바는 있지만….

흠. 어른은 여러 가지 생각해야 할 게 있구나….

Prologue　Chapter 1　Chapter 2　Chapter 3　Chapter 4　**Chapter 5**　Chapter 6　Epilogue

제5장

앙상블 학습

복수의 분류 모델을 조합해보자!

5.1 배깅

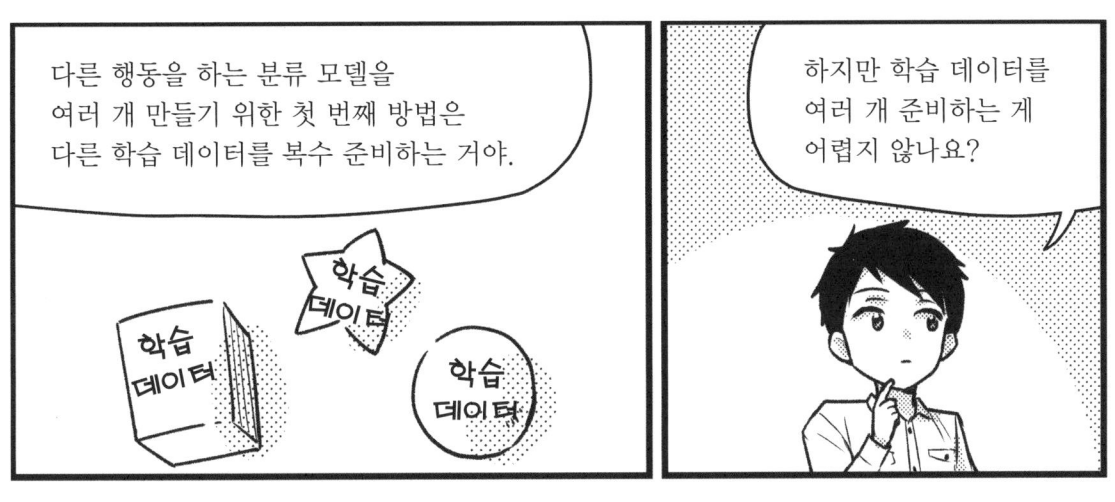

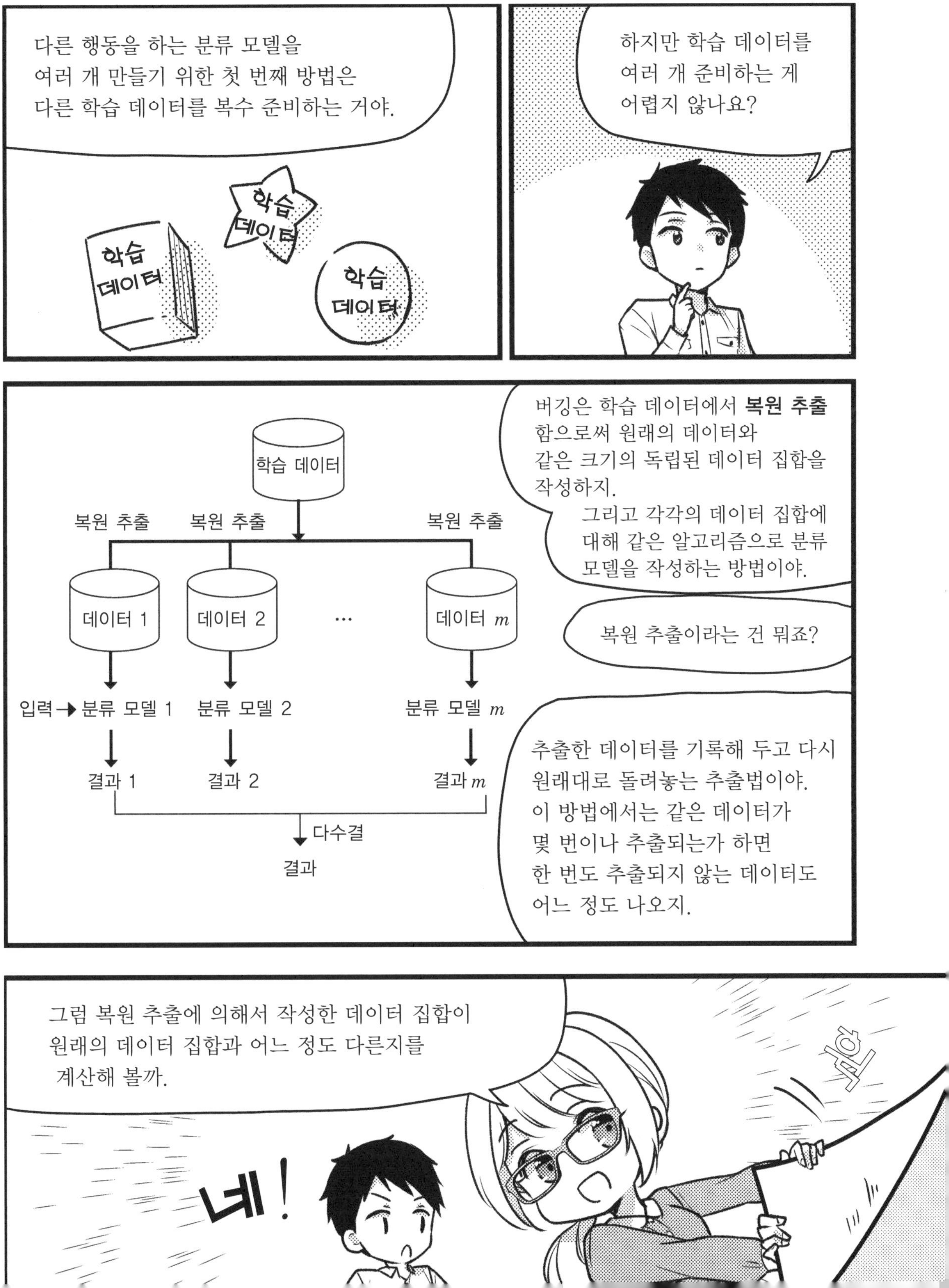

다른 행동을 하는 분류 모델을 여러 개 만들기 위한 첫 번째 방법은 다른 학습 데이터를 복수 준비하는 거야.

하지만 학습 데이터를 여러 개 준비하는 게 어렵지 않나요?

배깅은 학습 데이터에서 **복원 추출** 함으로써 원래의 데이터와 같은 크기의 독립된 데이터 집합을 작성하지.
그리고 각각의 데이터 집합에 대해 같은 알고리즘으로 분류 모델을 작성하는 방법이야.

복원 추출이라는 건 뭐죠?

추출한 데이터를 기록해 두고 다시 원래대로 돌려놓는 추출법이야. 이 방법에서는 같은 데이터가 몇 번이나 추출되는가 하면 한 번도 추출되지 않는 데이터도 어느 정도 나오지.

그럼 복원 추출에 의해서 작성한 데이터 집합이 원래의 데이터 집합과 어느 정도 다른지를 계산해 볼까.

네!

 데이터 집합의 요소 수를 N이라고 하자. 여기서 어느 특정 데이터에 착안하면 1회의 추출 시에 이 데이터가 선택되지 않을 확률은 어떻게 될까?

데이터가 N개 있으므로 어느 데이터가 선택될 확률은 $\frac{1}{N}$. 그러면 선택되지 않을 확률은 $1-\frac{1}{N}$이 되는 거네.

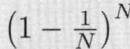

 그렇지. N회의 복원 추출로 이 데이터가 계속 선택되지 않을 확률을 계산하면
$$\left(1-\frac{1}{N}\right)^N$$
이 되지. 이것이 어느 데이터가 복원 추출 후의 어느 데이터 집합에 포함되지 않는 확률이 되는 거야.

 $N=10$인 경우, 이 확률은 0.349가 되고
$N=100$에서 0.366이지.
$N \to \infty$에서 이 확률은
$\frac{1}{e}=0.368$이 되는 거야.

N이 어떤 숫자여도 크게 차이는 없네.

 맞아! 이 숫자에서 대략 어느 N에 대해서도 복원 추출 후의 데이터 집합에는 원 데이터 집합의 약 $\frac{1}{3}$의 데이터가 포함되지 않게 되지.

$\frac{1}{3}$의 데이터가 포함되지 않는다고…

5.2 랜덤 포레스트

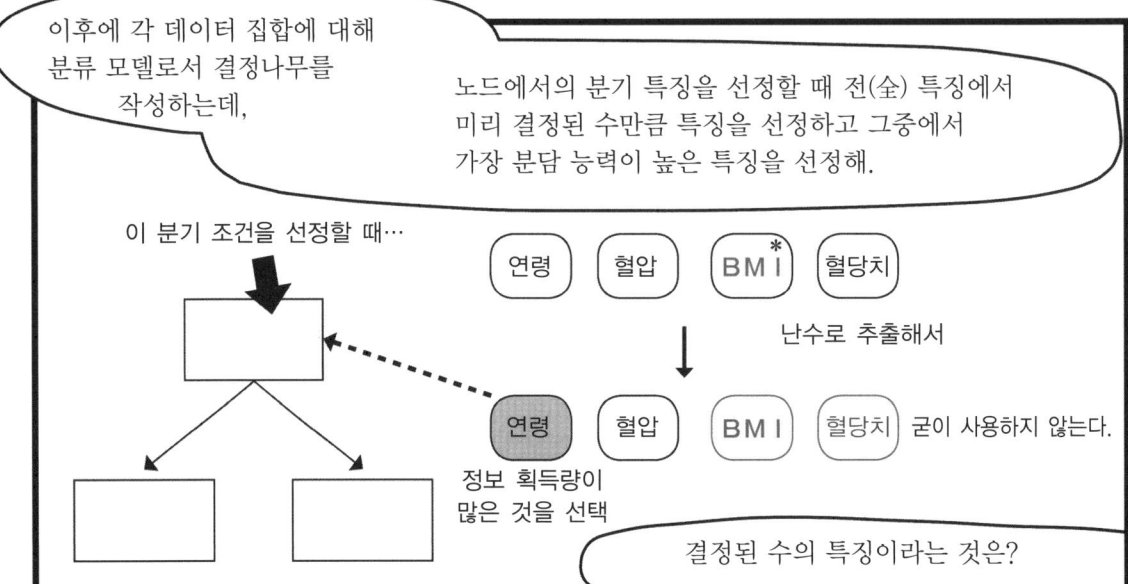

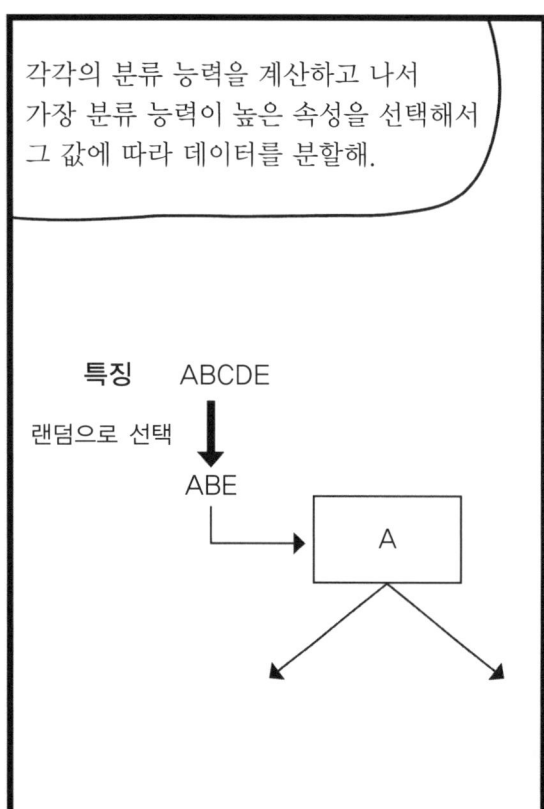

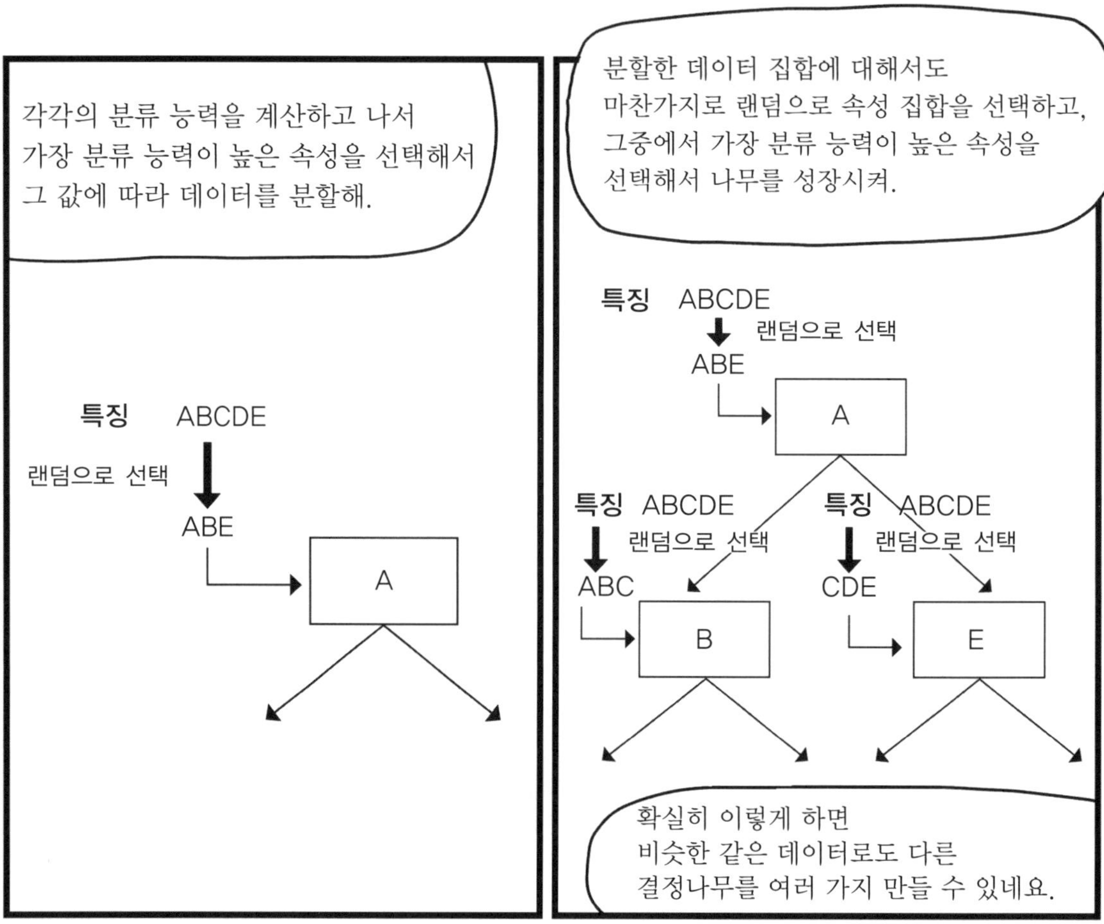

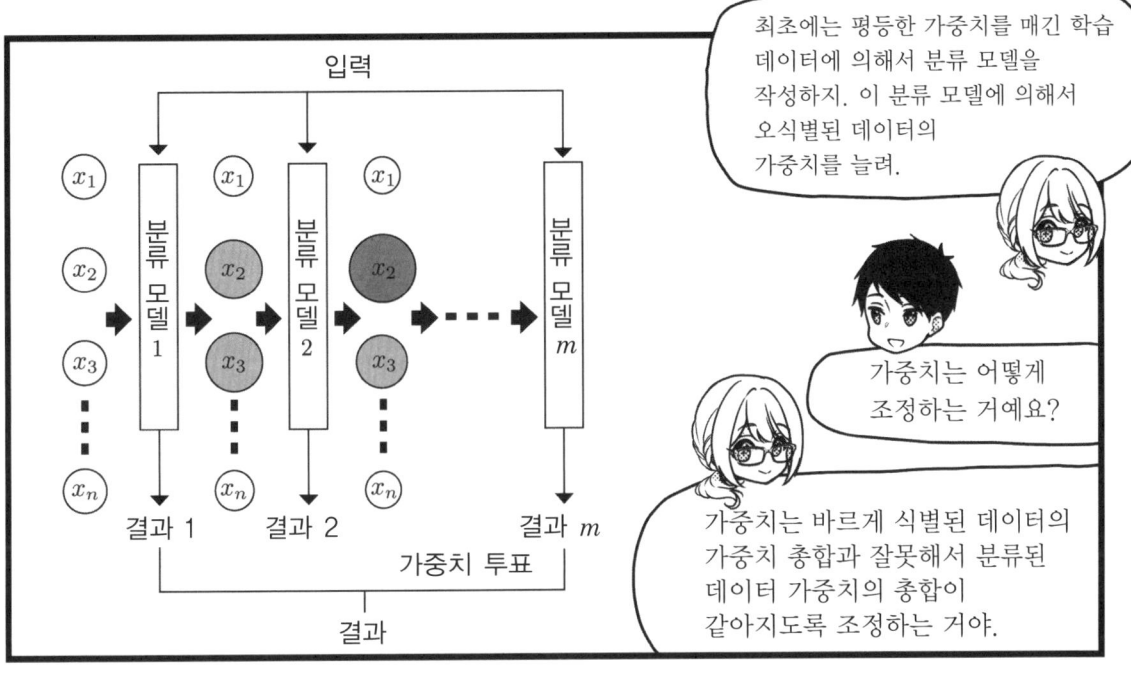

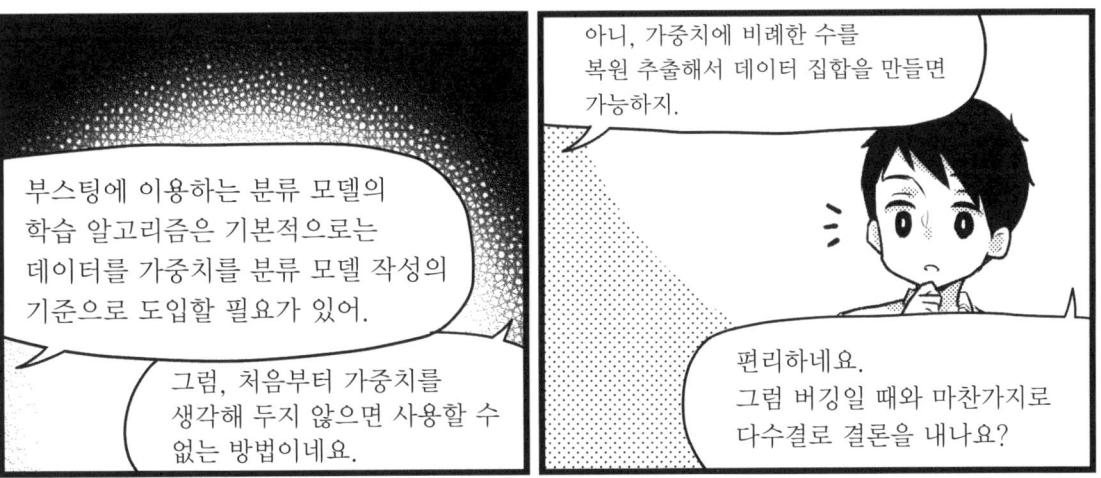

그것이 AdaBoost의 경우 이전 단계의 오류에 특화해서 차례대로 식별기가 만들어져 있겠지?

즉, 원래의 학습 데이터가 왜곡되어 작성되어 있으므로 미지의 입력에 대해서는 원래의 학습 데이터에 충실하게 만들어진 분류 모델과는 신뢰성이 다르지.

신뢰성

그럼 어떻게 해서 분류 결과를 내는 건가요?

한편 AdaBoost는 이전 단계의 분류 모델이 잘못된 데이터를 바르게 분류하는 분류 모델을 잇따라 추가하는 방법으로 전체의 성능을 높이려는 시도였어.

각 분류 모델에 대해 차 함수의 값에 기초한 가중치를 계산하여 가중(치) 투표로 분류 결과를 내지.

또 한 가지는 손실함수를 이용하는 방법도 있어. 부스팅 결과 완성된 복합적인 분류 모델은 손실함수를 정의할 수 있어.

그래서 추가하는 분류 모델은 그 손실함수의 값을 가장 줄일 수 있는 것을 선택하는 방식도 생각할 수 있지.

그런 개념으로 부스팅을 수행하는 것이 **경사 부스팅**이야.

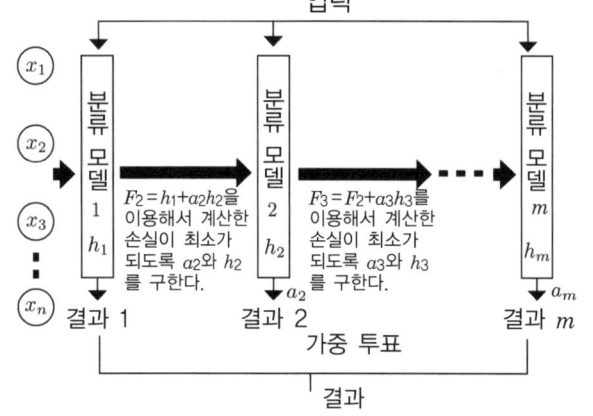

그럼 지금까지의 학습법을 코딩해 볼까.

이번에는 머신러닝 툴 Weka에 부속되어 있는 diabetes.arff라는 데이터를 사용합니다. 당뇨병 진단 사이트의 설정에 가깝기 때문입니다.

scikit-learn에도 같은 이름의 데이터 세트가 있지만, 이것은 회귀 문제용 데이터로 다소 결과의 해석이 어렵기 때문에 분류 문제용 데이터 세트인 diabetes.arff를 사용합니다.

diabetes.arff는 몇 가지 조사 결과에서 당뇨병 검사 결과를 예측합니다. 특징에는 연령, 혈압, BM1 등이 있습니다.

사전에 diabetes.arff를 다운하면 됩니다.
https://www.cs.waikato.ac.nz/ml/weka/datasets.html에서 몇 가지 데이터 세트와 함께 다운로드할 수 있는데, 이 파일명으로 검색해도 바로 찾을 수 있습니다.

```
import numpy as np
from scipy.io import arff
from sklearn.ensemble import BaggingClassifier, RandomForestClassifier,
AdaBoostClassifier, GradientBoostingClassifier
from sklearn.model_selection import cross_val_score
```

arff 형식의 파일은 scipy의 arff 모듈을 사용해서 읽어 들입니다. 1행에 특징 벡터와 정답 라벨이 나열되어 있으므로 별도의 numpy 어레이에 보존합니다.

```
data, meta = arff.loadarff('diabetes.arff')
X = np.empty((0,8), np.float)
y = np.empty((0,1), np.str)
```

제5장···앙상블 학습 155

```
    for e in data:
        e2 = list(e)
        X = np.append(X, [e2[0:8]], axis=0)
```

scikit-learn을 사용하면 앙상블 학습도 지금까지의 분류 모델과 같은 수순으로 학습·평가할 수 있습니다. 10분할의 교차확인법으로 정도의 평균과 분산을 확인해둡니다.

```
clf1 = BaggingClassifier()
scores = cross_val_score(clf1, X, y, cv=10)
print("{0:4.2f} +/- {1:4.2f} %".format(scores.mean() * 100, scores.std() * 100))
73.69 +/- 5.11 %

clf2 = RandomForestClassifier()
scores = cross_val_score(clf2, X, y, cv=10)
print("{0:4.2f} +/- {1:4.2f} %".format(scores.mean() * 100, scores.std() * 100))
74.72 +/- 5.72 %

clf3 = AdaBoostClassifier()
scores = cross_val_score(clf3, X, y, cv=10)
print("{0:4.2f} +/- {1:4.2f} %".format(scores.mean() * 100, scores.std() * 100))
75.52 +/- 5.71 %

clf4 = GradientBoostingClassifier()
scores = cross_val_score(clf4, X, y, cv=10)
print("{0:4.2f} +/- {1:4.2f} %".format(scores.mean() * 100, scores.std() * 100))
76.30 +/- 5.11 %
```

디폴트 파라미터에서는 기울기 부스팅의 결과가 조금 더 좋은 것 같습니다.

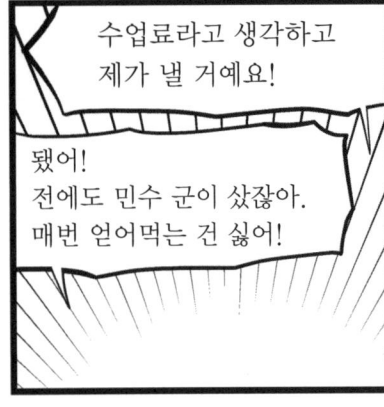

나 원, 패밀리 레스토랑에서 한 턱 내는 게 무슨 폼 잡는 것도 아무 것도 아닌데….

감사합니다
창피하군

고마워. 잘 먹었어.

엄청 맘에 안 드는 얼굴이네요.

남동생이 뭐야?

취직 축하는 따로 제대로 해야죠.

뭘. 됐어 됐어.

선배

윤서의 방 ⑥ 수학 복습 ⑤

이번 내용에서는 분류 모델이 많이 있으면 성능이 향상된다는 부분을 잘 모르겠네.

 구체적으로 어느 부분이 이해하기 어려워?

확실히 같은 대답을 한 사람이 몇 명 모인다고 해서 한 사람이 대답한 결론보다 현명하지 않다는 것은 알아. 하지만 잘못된 현명함을 가진 사람이 몇 명 모여도 다른 결과를 놓고 싸우지 않을까?

 과연 듣고 보니 그렇네. 그럼 싸우지 않고 다수결로 답을 낸다고 하고, 다수결이 우수하다는 것을 수학적으로 확인해보자.

 우선 같은 학습 데이터를 사용해서 다른 분류 모델을 L개 만든다고 하자.

현명한 사람이 L명 있는 느낌이네.

 딱히 현명하지 않은 사람이라도 괜찮아. 말도 안 되는 대답을 한 것보다는 조금 더 낫다고 하더라도 수학적인 정식화는 다르지 않아.

아, 그래?

분류 모델의 오류율 e는 모두 같으며 그 오류는 독립이라고 하자.

오류가 독립이라는 것은 평가용 데이터 각각에 대해 각각의 분류 모델이 잘못될 확률이 독립이라는 얘기야. 즉 많은 분류 모델이 모두 잘못돼 버리는 데이터는 없다고 가정하자.

이러한 가정을 두고 이 분류 모델 집합에 어느 테스트용 데이터를 입력했을 때, L개 중 m개의 분류 모델이 잘못될 확률을 생각하자. 우선 $m=1$인 경우.

분류 모델 중 어느 하나가 잘못될 확률이 e, 나머지 $L-1$개가 잘못되지 않을 확률은 $(1-e)^{(L-1)}$이네.

L개 중 1개를 선정하는 방법은 L가지이므로 이것을 곱해서 $Le(1-e)^{(L-1)}$이 되네.

자, 2개가 잘못될 확률은?

L개에서 2개를 선택하는 경우의 수는 $_LC_2$이므로 $_LC_2 e^2(1-e)^{(L-2)}$인 거네.

맞아. 일반적으로 오류율 e의 분류 모델 L개 중 m개 틀릴 확률은 이항분포 $B(m; e, L)$가 돼.
$B(m; e, L) = {_LC_m} e^m (1-e)^{L-m}$

구체적인 수치로 생각하기 위해 분류 모델의 개수 $L = 11$, 오류율 $e = 0.2$라고 하고 이항분포 $B(m; 0.2, 11)$을 그래프로 그리면 그림과 같아.

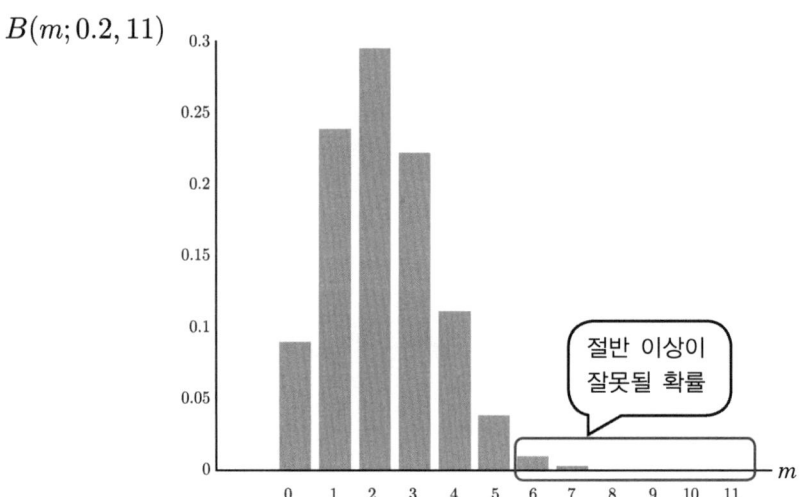

분류 결과를 다수결로 결정한다고 하면 전체에서 잘못된 판정을 할 확률은 6개 이상의 분류 모델이 잘못될 확률의 총합이 되는 거지. 이것을 계산하면 약 1.2%가 돼.

개개의 분류 모델은 오류율 20%의 성능에 불과한데 다른 분류 모델을 11개 준비하면 오류율 1.2%의 분류 모델이 생기는 거지.

와~, 앙상블 학습이라는 거 대단하구나.

하지만 이 설명은 가정에 무리가 있어. 인간이 봐도 분류가 어려운 데이터는 많은 분류 모델 역시 잘못 판정해 버리므로 실제로는 이 정도까지 성능은 오르지 않아.

따라서 가능한 한 이 가정에 가깝도록 다른 행동을 하는 분류 모델을 어떻게 만들 것인지 고안하는 것이 앙상블 학습인 거지. 어느 정도는 알겠지?

응. 알 것 같아. 그건 그렇고 윤서 언니, 서울 간다니 서운하네.

응, 뭐 살던 곳을 떠난다니 좀 아쉽기도 하고.

그 후배는 아무 말도 없었어?

응? 뭐가…아, 남동생이라는 거 그때의 일을 말하는 거야…!

에, 뭐야 뭐야. 뭐가 생각났어?

제6장
비지도 학습

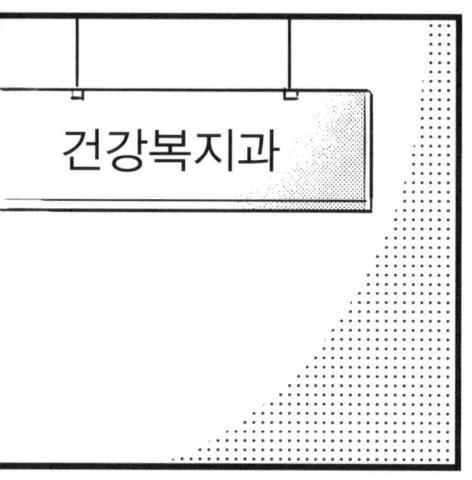

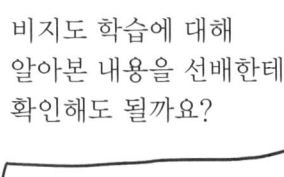

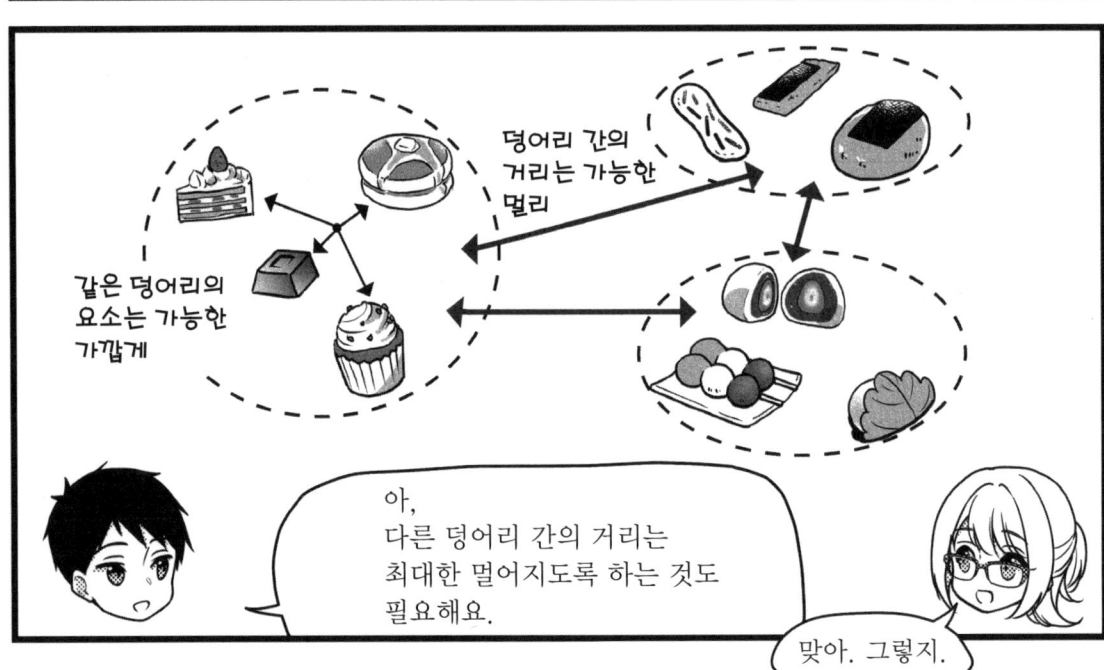

그래서 클러스터링의 방법으로는 개개의 데이터를 보텀업으로 통합해서 클러스터를 만드는 **계층적 클러스터링**과

전체의 데이터를 흩뜨리는 톱다운적 정보에서 최적의 분할을 찾아내는 **분할 최적화 클러스터링**이 있어.

6.1.1 계층적 클러스터링

계층적 클러스터링은 가까이의 데이터와 클러스터를 통합해서 클러스터를 점점 크게 해가는 수순을 반복하는 거야.

알고리즘으로는 이런 느낌이지.

① 하나의 데이터로 이루어진 클러스터를 데이터 개수만큼 작성

②~⑤ 가장 가까운 클러스터를 융합해서 새로운 클러스터를 만드는 조작을 반복한다.

⑥ 최종적으로는 데이터가 하나의 클러스터가 되면 종료

데이터가 가까운 것은 알겠지만 데이터와 클러스터의 거리와 클러스터와 클러스터의 거리는 어떻게 계산할까?

단독의 데이터도 하나의 데이터로 하나의 클러스터를 구성하고 있다고 생각하면 여기서 말하는 거리는 클러스터 간의 유사도와 일반화해서 생각할 수 있네요.

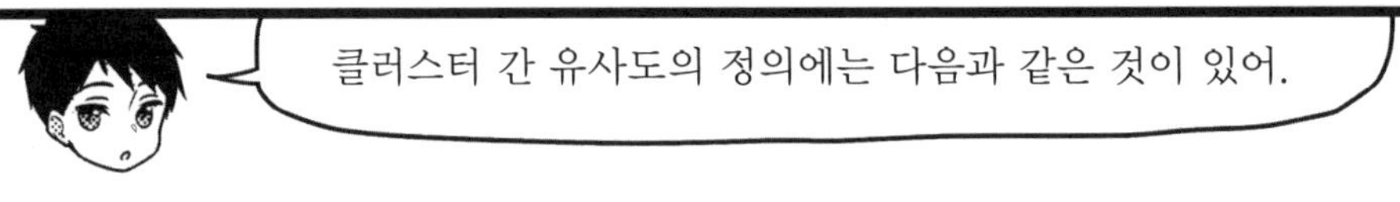

클러스터 간 유사도의 정의에는 다음과 같은 것이 있어.

단련결합	완전연결법	중심법	Ward법
가장 가까운 사례쌍의 거리를 유사도로 한다.	가장 먼 사례쌍의 거리를 유사도로 한다.	클러스터의 중심 간 거리를 유사도로 한다.	클러스터를 융합한 후 각 데이터와 클러스터 중심의 이승합을 구하고, 여기에서 융합 전의 각 클러스터에 대해 마찬가지로 구한 값을 뺀 것을 유사도로 한다.
클러스터가 일방향으로 늘어나는 경향이 있다.	클러스터가 일방향으로 늘어나는 것을 피하는 경향이 있다.	클러스터의 신장 형태는 단연결과 완전연결의 사이를 취한 것이 된다.	비교적 좋은 클러스터가 얻어지는 일이 많다.

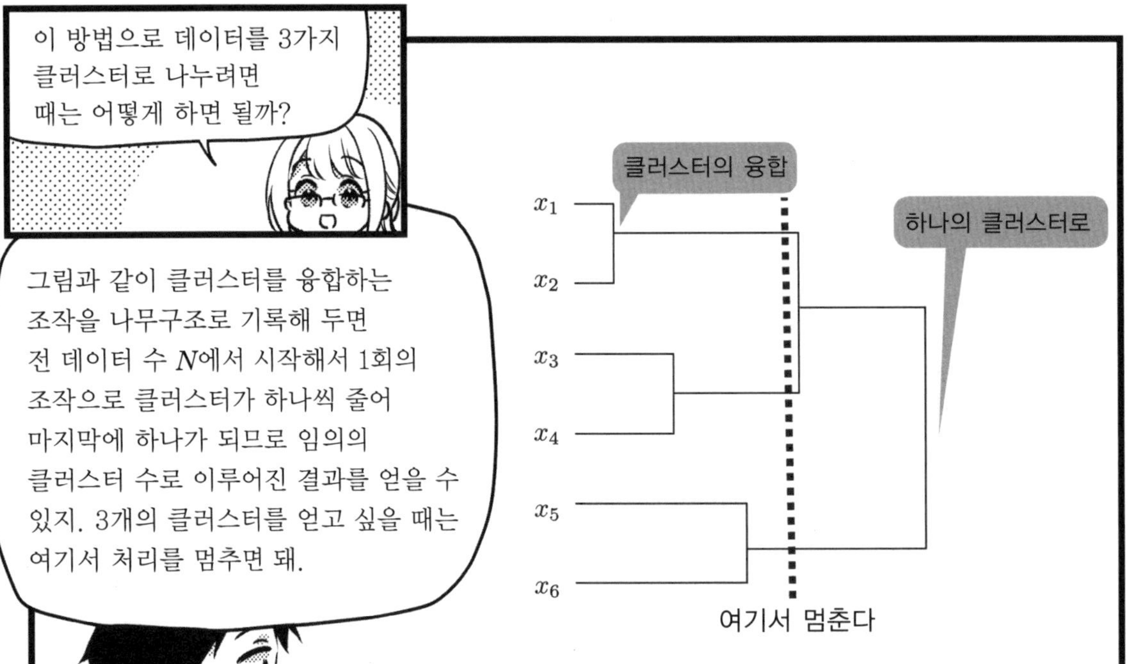

이 방법으로 데이터를 3가지 클러스터로 나누려면 때는 어떻게 하면 될까?

그림과 같이 클러스터를 융합하는 조작을 나무구조로 기록해 두면 전 데이터 수 N에서 시작해서 1회의 조작으로 클러스터가 하나씩 줄어 마지막에 하나가 되므로 임의의 클러스터 수로 이루어진 결과를 얻을 수 있지. 3개의 클러스터를 얻고 싶을 때는 여기서 처리를 멈추면 돼.

클러스터의 융합

하나의 클러스터로

x_1
x_2
x_3
x_4
x_5
x_6

여기서 멈춘다

6.1.2 분할 최적화 클러스터링

그럼 분할 최적화 수법이란 건 어떤 거지?

분할 최적화 클러스터링은 데이터 분할의 좋음을 평가하는 함수를 정하고 그 평가 함수의 값이 가장 좋은 것을 결과로 하는 거야.

계층적 클러스터링과 어떻게 다르지?

계층적 클러스터링은 보텀업으로 데이터를 정리하므로 전체적으로 보면 일그러진 클러스터를 형성하는 일이 있지. 한편 전체적으로 잘 정리된 클러스터를 구하는 수순이 분할 최적화 클러스터링인 거지.

음. 그럼 분할 최적화 클러스터링은 계층적인 클러스터링보다 항상 좋은 결과를 낸다는 거네.

아…. 그러니까, 그건….

예를 들면, 평가 함수의 값이 가장 좋은 것을 철저하게 찾으려면 N개의 데이터를 2개의 클러스터로 나눈 경우로 몇 번 계산해야 할까?

첫 번째 데이터가 어느 쪽 클러스터에 들어가는가에 따라 2가지. 두 번째 데이터를 넣는 방법을 곱해서 4가지. 여기에 세 번째 데이터를 넣는 방법을 곱하면 8가지야.

즉 2^N가지가 되는 거지. N이 딱 좋은 큰 수가 되면 모든 가능한 분할 평가값을 구하는 것은 현실적으로 불가능하네.

이러한 경우의 상투적인 수단으로서, 탐색에 의해서 준최적해를 구하는 것을 생각하지. 분할 최적화 클러스터링의 대표적인 수법이라고 하면 k-means법인데, 절차를 설명할 수 있을까?

응. k-means법의 절차는 다음과 같아. 아! 클러스터 수 k는 사전에 주어져야만 해.

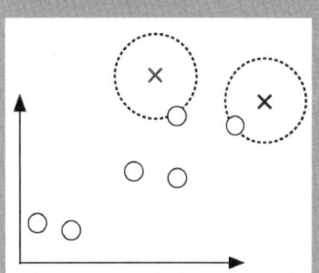

① 각 클러스터의 평균 벡터 k개를 난수로 생성하고 클러스터 중심으로 한다.

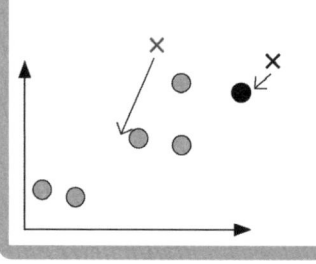

② 각 데이터를 가장 가까운 평균 벡터를 가진 클러스터에 소속시킨다.
③ 각 클러스터의 평균 벡터를 소속된 데이터에서 재계산한다.

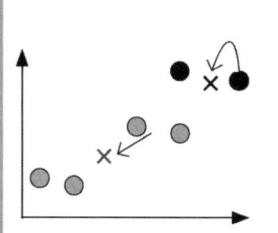

④ ②,③의 절차를 전 클러스터의 평균 벡터가 움직이지 않을 때까지 반복한다.

②와 ③을 반복한다.

이 방법의 평가 함수는 뭐지?

그러니까, 각 데이터와 소속하는 클러스터의 평균 벡터와의 거리의 총합이지.

어째서 이 절차에 의해서 평가 함수의 값이 좋아지는 걸까?

②의 단계에서 소속하는 클러스터를 변경한다는 것은 보다 거리가 가까운 평균 벡터를 찾고자 하는 것이므로 평가 함수의 값은 줄어들지.
또한 ③의 단계에서 평균 벡터의 단위를 재계산한다는 것은 그 클러스터 내의 데이터에서 거리의 총합이 최소가 되는 위치를 찾는 것이므로 이것도 평가 함수의 값을 줄이는 조작인 셈이지.

맞아. 하지만 이 방법으로 찾는 것은 국소적 최적해야. '국소적'이라고 표현한 것은 전체로 봤을 때 최적해인지 아닌지는 이 절차로는 알수 없다는 얘기야.

좀 더 좋은 답이 있을지 모르는데 도중에 멈춰 버린다는 거네.

그래. 따라서 k-means법으로 클러스터링을 수행할 때 다른 초깃값으로 복수 회 수행해서 평가값이 가장 좋은 것을 결과로 채용하는 거지.

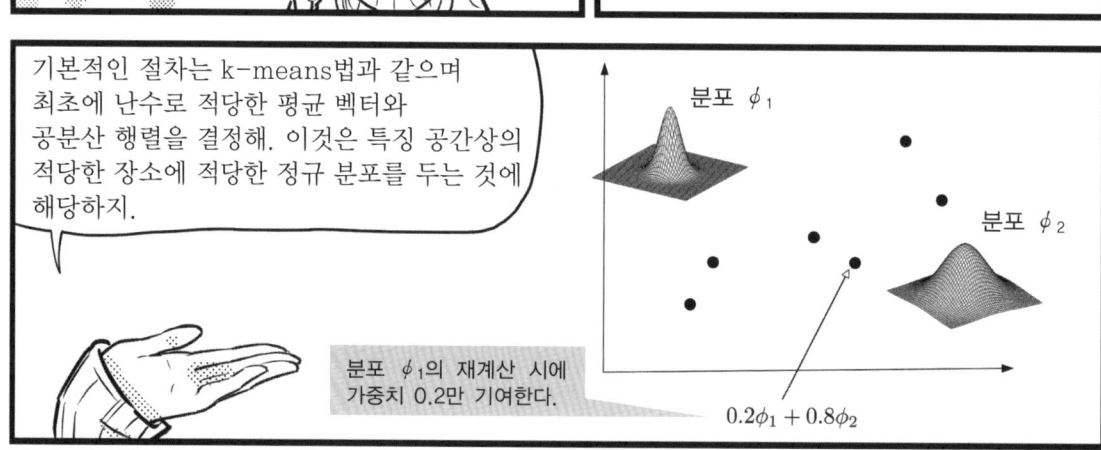

다음도 k-means법과 마찬가지로 소속하는 데이터를 토대로 클러스터의 파라미터, 즉 평균 벡터와 공분산 행렬을 데이터에서 계산해.

이때 데이터의 개수는 방금 전 분신의 비율에 기초해서 계산하는 거네요.

바로 그거야.

k-means법과 EM 알고리즘을 이용한 확률 밀도 추정의 차이는 다음과 같아.

k-means법	k개의 평균 벡터를 난수로 정한다.	평균 벡터와의 거리를 기준으로 각 데이터를 어느 하나의 클러스터에 소속시킨다.	소속하는 데이터를 토대로 평균 벡터를 재계산한다.
EM 알고리즘	k개의 정규 분포를 난수로 정한다.	각 분포가 각 데이터를 생성하는 확률을 계산하고 이것을 귀속도로서 각 클러스터에 완만하게 소속시킨다.	각 데이터의 귀속도를 데이터의 가중치로 간주하고 각 분포의 파라미터를 재계산한다.

이렇게 해서 행동 패턴이 비슷한 사람들의 클러스터를 만들 수 있으며, 각자에게 맞는 이벤트를 추천할 수 있어.

6.2 행렬 분해

다음은 **행렬 분해**야.
왜 이 방법이 노인 각자에게 맞는 메시지를 전송하는 데 사용할 수 있을 거라고 생각했지?

좀 조사해봤더니 추천 시스템에 이 방법이 사용되고 있다는 걸 알게 돼서요.

이런건 어때요?

이 예는 통신판매 사이트의 사용자에게 어느 상품을 추천할지 말지를 구매 이력을 통해 판단하는 것이었지만요.

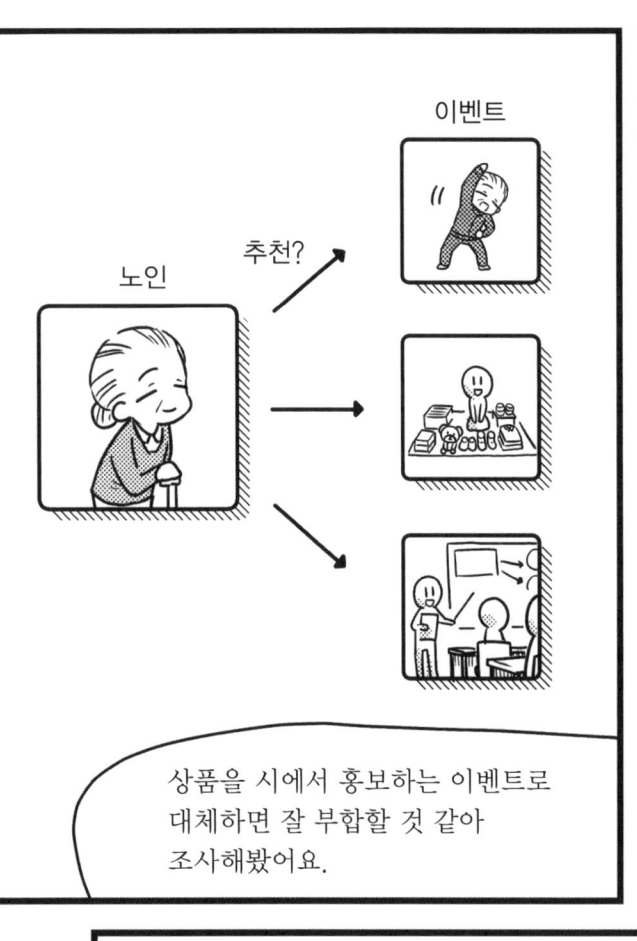

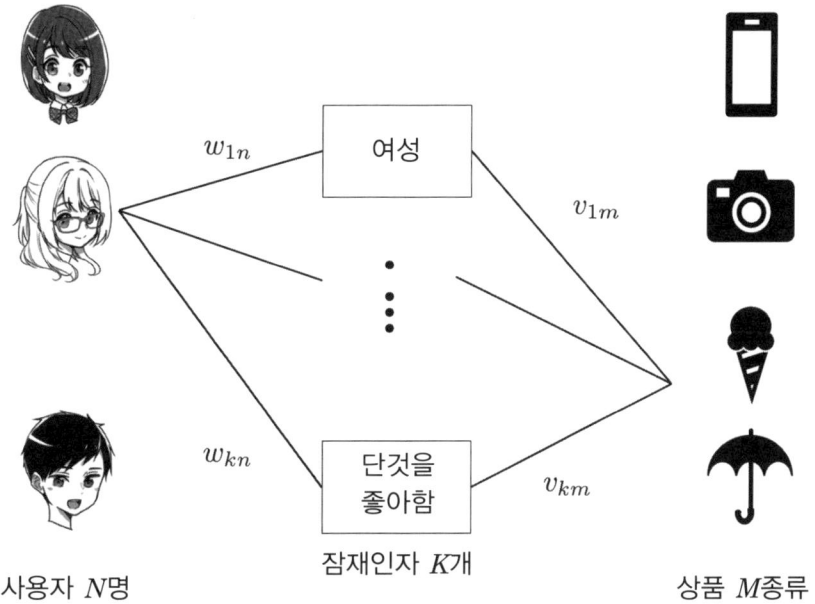

사용자 N명   잠재인자 K개   상품 M종류

잠재인자의 수를 K개라고 하고, K는 사용자 수 N, 상품 수 M과 비교해서 훨씬 작다고 하자.

이렇게 가정하면 원래 행렬의 요소 값은 아래 식에서 예측할 수 있어.
$$x_{nm} = w_{1n}\nu_{1m} + w_{2n}\nu_{2m} + \cdots + w_{Kn}\nu_{Km}$$

왜 이것이 행렬을 분해하고 있는 것이 되지?

이 가정을 행렬을 이용한 수식으로 쓰면 다음 페이지와 같기 때문이지.

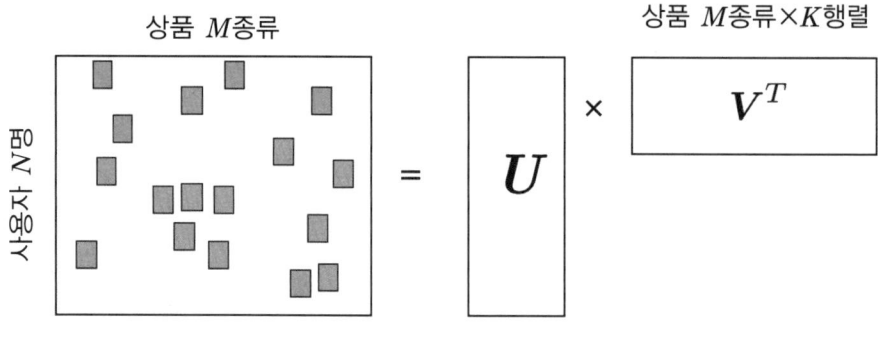

원래의 행렬은 N행 M열이 큰 것이지만 사용자에 관한 정보를 수집한 N행 K열이 작은 행렬 U와, 상품에 관한 정보를 수집한 M행 K열이 작은 행렬 V의 곱으로 표현할 수 있지.

U와 V는 구체적으로 어떻게 구할까?

원래의 행렬을 X라고 하면 X와 UV^T가 가능한 비슷하면 되므로 오차를 E라고 하고 $E = X - UV^T$의 최적화 문제를 풀어. 여기서 최적화 수단으로 자주 이용되는 경사법과의 상성을 고려해서 2승 오차를 생각하지.

행렬의 차이를 계산해서 각 요소의 2승합인 제곱근을 계산해. 프로베니우스 놈 행렬을 사용하면 최적화 대상은 다음의 식이 되지.

$$\min_{U,V} \frac{1}{2} \parallel E \parallel^2_{Fro} = \min_{U,V} \frac{1}{2} \parallel X - UV^T \parallel^2_{Fro}$$

이것은 선형대수에서 배운 특이값 분해로 풀 수 있지만, 그러려면 X로 값이 들어 있지 않은 곳을 0으로 해야만 해. 원래는 정보가 없을 뿐인데, 거기에 무리하게 정보를 밀어 넣기 때문에 원래의 데이터가 나타내는 것과 달라져 버리지.

 그럼 어떻게 하면 될까?

응. X에 값이 존재하는 요소에 한해서만 2승 오차를 최소화하는 것을 생각해. 그렇게 하면 설정이 회귀에 가까워지지. 즉, 회귀 항목에서 나온 것과 같은 문제야.

 과학적합이네. 그래서 정칙화를 사용해.

맞아. 이 방법은 Alternating Least Squares법이라고 하며, 그 경우의 최적화 식은 다음과 같아.

$$\min_{U,V} \sum_{(i,j)\in\Omega} (x_{ij} - \boldsymbol{u}_i^T \boldsymbol{v}_j)^2 + \lambda_1 \| U \|_{Fro}^2 + \lambda_2 \| V \|_{Fro}^2$$

여기서, Ω은 행렬 X에서 값을 갖는 요소의 인덱스, u_i는 행렬 U의 i행째를 취출한 k차원 벡터, v_j도 마찬가지야.

 아까 이 최적화는 경사법을 사용한다고 했는데, 최적화 대상이 U와 V 2개 있는 것은 괜찮을까?

U와 V를 교대로 최적화하는 방법으로 풀 수 있을 것 같은데.

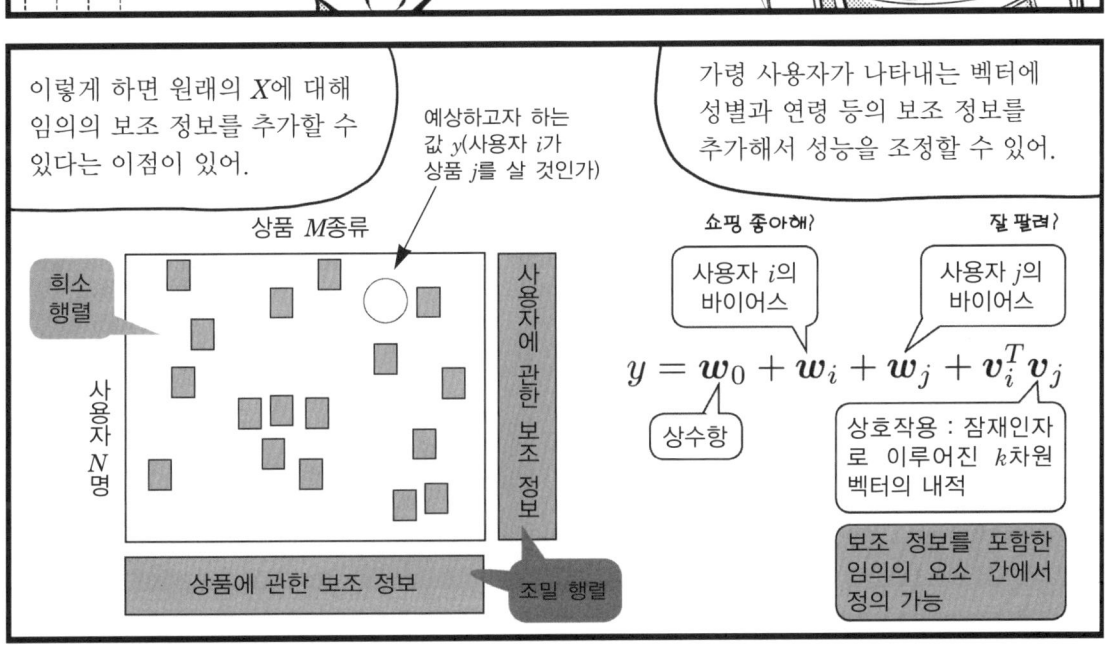

윤서의 방 ⑦ 수학 복습 ⑥

이번 이야기에서 신경이 쓰이는 건 프로베니우스 놈(Frobenius norm) 행렬이려나? 놈이란 건 벡터의 크기를 말하는 거였지.

제대로 정의하면, d차원 벡터 x와 $1 \leq p < \infty$가 되는 p에 대해

$$\sqrt[p]{|x_1|^p + \cdots + |x_d|^p}$$

을 x의 Lp 놈이라고 해. $p=2$일 때, 즉 L2 놈이 보통의 의미에서 벡터의 크기가 되지.

거 참 귀찮네. 어째서 p를 가져오는 거지.

$p=1$일 때를 생각해봐. 이것을 L1 놈이라고 하는데, 어디서 본 적 없어?

$p=1$이므로 p승근의 기호가 취해져 각 요소의 절대값의 합…. 아, x를 가중치 벡터 w라고 바꾸면 Lasso 회귀의 정칙화 항이다!

응. 크기의 기준을 바꾸면 그 크기가 영향을 미치는 효과도 달라져. L2 놈을 정칙화 항으로 하는 Ridge 회귀와 L1 놈을 정칙화 항으로 하는 Lasso 회귀가 계수에 미치는 영향이 달랐던 거 기억하지?

이런 식으로 일반적인 정의를 외워두면 여러 가지가 연결되지.

그래서 벡터의 L2 놈은 전(全) 요소를 2승해서 더한 것의 제곱근을 계산하지. 마찬가지 개념으로 프로베니우스 놈 행렬은 행렬의 전 요소에 대해 2승해서 더한 것의 제곱근을 계산한 거야.

벡터의 크기는 이미지할 수 있지만 행렬의 크기는 잘 모르겠어.

무리하게 이미지할 필요는 없어. 여기서는 오차 E가 얼마나 제로 행렬에 가까운지를 나타내기 위해 사용한다는 것만 알면 되니까.

이렇게 해서 1장과 비슷한 아이디어로 오차를 최소화하는 것은 알겠지만, 이걸로 답을 구할 수 있을 거라고는 생각하지 않아.

왜냐하면, 가령 사용자가 100명에 상품이 50종류 있는 통신판매 사이트에서는 원래 행렬의 요소 수는 100×50으로 5000개가 되지. 이것을 10개의 잠재인자로 나타낼 수 있다고 하면 요소 수는 100×10+50×10으로 1500개야. 5000개분의 정보를 1500개의 정보로 나타낼 수는 없어.

정확히 말하면 베이스가 되고 있는 아이디어는 원래의 정보를 완전하게 복원하는 행렬 분해가 아니라 행렬 분해를 이용한 낮은 랭크 근사인 거야.

확실히 원래 행렬의 각 요소가 다른 요소와는 전혀 무관하게 값을 정하는 경우는 이 방법으로는 원래의 행렬에 가까운 분해 결과를 얻을 수 없어.

하지만 여기에서의 가정은 비슷한 특성을 가진 사용자의 구매 행동은 비슷하다. 또는 비슷한 특성을 가진 상품을 구입하는 사용자의 구매 경향은 비슷하다는 점이야. 전문적인 단어로는 고차원으로 보이는 데이터 안에 저차원 구조가 매립되어 있다고 가정한다는 표현을 써.

역시 아직 속고 있는 기분이 들어.

그럼, 고유값 분해로 설명할게. d행 d열, 즉 d차의 정방행렬 M에 대해 아래의 조건을 충족하는 실수 λ와 d차원 벡터 x의 페어를 생각하자.
$$Ax = \lambda x \quad x \neq 0$$
이 식을 변형하면
$$(A - \lambda I)x = 0$$
이 되지.

I는 단위행렬이야. $A - \lambda I$가 역행렬을 가진다면 $x=0$이 되어 조건에 반하게 되지. 따라서 $A - \lambda I$는 역행렬을 갖지 않아. 이것은 행렬식의 값이 0, 즉 $\det(A - \lambda I)x = 0$과 같은 값이야.

제6장 ··· 비지도 학습

2차의 정방행렬을 $\begin{pmatrix} a & b \\ c & d \end{pmatrix}$ 라고 하면 행렬식은 $ad-bc$네. 1장에서 공부한 역행렬을 구하는 방법 중에 $\frac{1}{ad-bc}$라는 항이 나오므로 이 항의 분모가 0이었다면 역행렬을 구할 수 없어.

그렇지. d차 정방행렬의 경우 $\det(A-\lambda I)x=0$은 d차의 다항식이 되므로 중복을 포함하면 답은 d개가 되지. λ를 고유값, 각각에 대응하는 x를 고유 벡터라고 불러.

으흠.

그래서 이 고유값과 고유 벡터를 이용하면 원래의 행렬 M은 아래와 같은 행렬의 곱으로 분해할 수 있어.

$$M = U diag(\lambda_1, \cdots, \lambda_d) U^{-1}$$

단, U는 열 벡터로서의 고유 벡터를 d개 가로로 나열한 것, diag는 나열되어 있는 숫자를 대각 요소로 나열한 대각형렬로 하지.

이건 어느 정도 이해할 수 있어. M은 d행 d열이고 U와 U^{-1}도 d행 d열이므로 값을 잘 선택하면 이런 식으로 변형할 수 있다고 생각해.

하지만 M이 정방행렬에 한정되어 있는 것은 이상한 제약이지 않아? 통신판매 사이트의 사용자 수와 상품 수가 반드시 같다는 것은 이상하네?

물론 그렇지. 그래서 이 고유값 분해를 특이값 분해라는 개념으로 발전시키는 거야.

$$M = U \Sigma V^T$$

여기서 M이 n행 m열의 행렬이라고 하면 U가 n행 n열, V가 m행 m열, 그리고 Σ를 n행 m열로 해. 그러면 $U \Sigma V^T$의 곱셈은 n행 m열이 되는 거네.

하지만 Σ은 정방행렬이 아니므로 대각행렬로 할 수 없어.

Σ은 r개(m 또는 n이 작은 쪽보다 작다)의 특이값을 큰 것부터 순서대로 나열한 r행 r열의 행렬을 생각하고, 그 주변의 남은 부분을 제로로 보완해서 n행 m열로 한 거야.

특이값은 고유값에서 계산되는 값으로 여기서는 분해의 결과 얻어지는 숫자라고 생각하면 돼.

$$\Sigma = \begin{pmatrix} \begin{matrix} \sigma_1 & & \\ & \ddots & \\ & & \sigma_r \end{matrix} & 0 \\ 0 & 0 \end{pmatrix}$$

여기서는 특이값 σ_1에서 σ_r의 값이 큰 순서대로 나열되어 있는 점이 중요하지.

각각의 특이값이 U와 V의 요소에 곱해지고, 그 결과로 M의 요소가 되는 거지만 당연히 특이값이 큰 것이 M의 값 결정에 큰 영향을 미쳐. 첫 번째의 특이값만 특출나게 큰 상황을 상상하면 알 수 있을 거야.

만약 두 번째 이후의 특이값이 작은 값이라면 그것은 M 요소의 미조정과 같은 역할밖에 하지 못하다는 거네?

맞아. 그래서 특이값이 큰 것만을 몇 개 선택하고, 거기서 M을 표현하는 것을 시도하지.

몇 개 선택한 특이값의 합이 특이값 모두의 합에 대해 큰 비율을 차지한다고 하면 원래의 M과는 크게 다르지 않은 행렬을 얻을 수 있지.

그렇구나. 특이값이 큰 것부터 k개 선택해서 Σ을 만들면 U는 n행 k열, V는 m행 k열, Σ는 k행 k열이 되네. k가 n이나 m보다 충분히 작으면 작은 행렬의 곱으로 큰 행렬을 표현할 수 있게 되네.

그래. 이것이 고차원 데이터에 저차원 구조가 매립되어 있다는 거야.

음. 대체로 알았어. 자, 언니. 서울에 가도 가끔 이렇게 와서 수학 가르쳐줘. (하지만 언니가 서울에서 어른답게 일을 계속하는 모습은 상상할 수 없지만…)

Prologue　Chapter 1　Chapter 2　Chapter 3　Chapter 4　Chapter 5　Chapter 6　Epilogue

에필로그

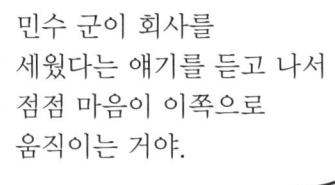

참고문헌

● 인공지능 기술 전반

谷口忠大『イラストで学ぶ人工知能概論』(講談社) 2014

● 머신러닝 기술 전반

杉山将『イラストで学ぶ機械学習　最小二乗法による識別モデル学習を中心に』(講談社) 2013
平井有三『はじめてのパターン認識』(森北出版) 2012
高村大也『言語処理のための機械学習入門 (自然言語処理シリーズ)』(コロナ社) 2010
荒木雅弘『フリーソフトではじめる機械学習入門 (第2版)』(森北出版) 2018

● 회귀

髙橋信『マンガでわかる統計学 回帰分析編』(オーム社) 2005

● 분류

石井健一郎 / 前田英作 / 上田修功 / 村瀬 洋『わかりやすいパターン認識』(オーム社) 1998
荒木雅弘『フリーソフトでつくる音声認識システム・パターン認識・機械学習の初歩から対話システムまで - (第2版)』(森北出版) 2017

● 딥러닝

Francois Chollet (著)/ 巣籠悠輔(監訳)『PythonとKerasによるディープラーニング』(マイナビ出版) 2018
巣籠悠輔『詳解 ディープラーニング ~TensorFlow・Kerasによる時系列データ処理~』(マイナビ出版) 2017
小池誠 他『人工知能を作る . Interface 2018年4月号増刊』(CQ出版) 2018

● 비지도 학습

石井健一郎 / 上田修功『続・わかりやすいパターン認識 ―教師なし学習入門―』(オーム社) 2014
石黒勝彦 / 林浩平『関係データ学習 (機械学習プロフェッショナルシリーズ)』(講談社) 2016

찾아보기

영어·숫자

AdaBoost······153
Alternating Least Squares법······183
EM 알고리즘······178
F_1 Score······92
Factorization Machine······185
ID3 알고리즘······56
k-means법······176
rectified linear 함수······116
2진 분류 문제······48

ㄱ~ㄹ

가능도······52
가중치······18
강화학습······12
경사 부스팅······154
결정나무······55
계층적 클러스터링······173
과적합······65
교사신호······107
교차수······85
교차확인법······85
기울기 소실 문제······112
노드······55
뉴럴 네트워크······103
데이터 마이닝······10
드롭아웃······117
딥러닝······11, 111
라쏘 회귀······23
랜덤 포레스트······149
로지스틱 분류······49
리지 회귀······23
리지······116
리프······55

ㅁ~ㅅ

머신러닝······9
목표변수······17
미니배치법······54
배치법······54
버깅······146
복원 추출······147
부스팅······152
분류······47
분할 최적화 클러스터링······173
분할 학습법······83
분할선······50
불순도······59
비례(negative)······87
비지도 학습······10
사전학습법······113
선형회귀······18
설명변수······17
소프트맥스 함수······106
수용야······122
시그모이드 함수······51
심층학습······11, 111

ㅇ~ㅈ

앙상블 학습······145
역치 논리 유닛······104
오차역전파법······107

오컴의 면도날 · 65	
오토 인코더 · 114	
은닉층 · 105	
음수 미포함 행렬 분해 · · · · · · · · · · · · · · · · · 184	
이산화 · 66	
입력층 · 105	
잠재인자 · 180	
재현율 · 91	
잭나이프법 · 86	
정례(positive) · 87	
정밀도(precision) · 90	
정보 획득량 · 64	
정보량 · 59	
정칙화 · 23	
정확성 · 88	
제곱오차 · 20	
중간적 수학 · 10	
지도 학습 · 10	

ㅊ ~ ㅎ

최소제곱법 · 20	
출력층 · 105	
클러스터링 · 172	
풀링층 · 119	
프로베니우스 놈 · 182	
피드포워드형 뉴럴 네트워크 · · · · · · · · · · 105	
합성곱 뉴럴 네트워크 · · · · · · · · · · · · · · · · 119	
합성곱층 · 119	
행렬 분해 · 179	
혼동행렬 · 88	
확률적 경사하강법 · 54	
활성화 함수 · 104	
회귀 · 16	

저자 아라키 마사히로(荒木 雅弘)

1998년 박사 학위(공학) 취득(교토대학)
1999년 교토공예섬유대학공예학부 조교수
2007년 교토공예섬유대학대학원 공예과학연구과 준교수로 재임해 현재까지

〈저서〉

『음성대화시스템』(공저 オーム社)
『프리 소프트로 만드는 음성인식시스템 패턴 인식·기계학습의 첫걸음부터 대화 시스템까지』(森北出版)
『프리 소프트로 배우는 시만텍 Web과 인터액션』(森北出版)
『일러스트로 배우는 음성인식』(講談社)

● **일러스트** 와타리 마카나(渡 まかな)
● **제작** 　 주식회사 웰티 : 아라이 사토시(新井聡史)

만화로 쉽게 배우는 시리즈

만화로 쉽게 배우는 **면역학**

Hiroshi Kawamoto 지음
김선숙 역자
272쪽 | 17,000원

만화로 쉽게 배우는 **전지**

Kazuhiro Fujitaki, Yuichi Sato 지음
김광호 감역 | 김필호 역자
200쪽 | 16,000원

만화로 쉽게 배우는 **콘크리트**

Tetsuya Ishida 지음
박정식 감역 | 김소라 역자
190쪽 | 16,000원

만화로 쉽게 배우는 **암호**

Masaaki Mitani, Shinichi Satou 지음
이민섭 감역 | 박인용, 이재원 역자
240쪽 | 16,000원

만화로 쉽게 배우는 **사회학**

Nobuyoshi Kurita 지음
이태원 역자
218쪽 | 16,000원

만화로 쉽게 배우는 **CPU**

Michio Shibuya 지음
최수진 역자
260쪽 | 17,000원

만화로 쉽게 배우는 **발전·송배전**

Gorou Fujita 지음
오철균 감역 | 신미성 역자
232쪽 | 16,000원

만화로 쉽게 배우는 **전자회로**

Kenichi Tanaka 지음
손진근 감역 | 이도희 역자
184쪽 | 17,000원

만화로 쉽게 배우는 **데이터베이스**

Mana Takahashi 지음
홍희정 역자
260쪽 | 16,000원

만화로 쉽게 배우는 **베이즈 통계학**

Takahashi Shin 지음
정석오 감역 | 이영란 역자
232쪽 | 17,000원

만화로 쉽게 배우는 **영양학**

Masaru Sonoda 지음
한규상 감역 | 신미성 역자
212쪽 | 17,000원

만화로 쉽게 배우는 **전기수학**

Kenichi Tanaka 지음
이태원 감역 | 김소라 역자
272쪽 | 16,000원

만화로 쉽게 배우는 **모터**

Masayuki Morimoto 지음
신미성 역자
200쪽 | 17,000원

만화로 쉽게 배우는 **유기화학**

Toshio Hasegawa 지음
신미성 역자
208쪽 | 17,000원

만화로 쉽게 배우는 **전기설비**

Igarashi Hirokazu 지음
고운채 역자
200쪽 | 16,000원

만화로 쉽게 배우는 **기술영어**

Maki Sakamoto 지음
박조환 감역 | 김선숙 번역
240쪽 | 16,000원

※정가는 변동될 수 있습니다.

만화로 쉽게 배우는 머신러닝
원제: マンガでわかる機械学習

2019. 5. 15. 초 판 1쇄 인쇄
2019. 5. 22. 초 판 1쇄 발행

지은이	아라키 마사히로(荒木 雅弘)
그 림	와타리 마카나(渡 まかな)
감 수	이강덕
역 자	김정아
제 작	Verte Corp. : 아라이 사토시(新井 聡史)
펴낸이	이종춘
펴낸곳	BM (주)도서출판 성안당
주소	04032 서울시 마포구 양화로 127 첨단빌딩 3층(출판기획 R&D 센터) 10881 경기도 파주시 문발로 112 출판문화정보산업단지(제작 및 물류)
전화	02) 3142-0036 031) 950-6300
팩스	031) 955-0510
등록	1973. 2. 1. 제406-2005-000046호
출판사 홈페이지	www.cyber.co.kr
ISBN	978-89-315-8805-7 (17000)
정가	15,000원

이 책을 만든 사람들
책임 | 최옥현
편집 진행 | 김혜숙
교정·교열 | 김연숙
본문 디자인 | 김인환
표지 디자인 | 임진영
홍보 | 김계향, 정가현
국제부 | 이선민, 조혜란, 김혜숙
마케팅 | 구본철, 차정욱, 나진호, 이동후, 강호묵
제작 | 김유석

이 책은 Ohmsha와 BM (주)도서출판 성안당의 저작권 협약에 의해 공동 출판된 서적이며, BM (주)도서출판 성안당 발행인의 서면 동의 없이는 이 책의 어느 부분도 재제본하거나 재생 시스템을 사용한 복제, 보관, 전기적·기계적 복사, DTP의 도움, 녹음 또는 향후 개발될 어떠한 복제 매체를 통해서도 전용할 수 없습니다.

■ 도서 A/S 안내

성안당에서 발행하는 모든 도서는 저자와 출판사, 그리고 독자가 함께 만들어 나갑니다.
좋은 책을 펴내기 위해 많은 노력을 기울이고 있습니다. 혹시라도 내용상의 오류나 오탈자 등이 발견되면 **"좋은 책은 나라의 보배"** 로서 우리 모두가 함께 만들어 간다는 마음으로 연락주시기 바랍니다. 수정 보완하여 더 나은 책이 되도록 최선을 다하겠습니다.
성안당은 늘 독자 여러분들의 소중한 의견을 기다리고 있습니다. 좋은 의견을 보내주시는 분께는 성안당 쇼핑몰의 포인트(3,000포인트)를 적립해 드립니다.

잘못 만들어진 책이나 부록 등이 파손된 경우에는 교환해 드립니다.